DER
HELD

Michael Klonovsky

DER
HELD

Ein Nachruf

Diederichs

Für Lena

Verlagsgruppe Random House FSC® N001967

© 2011 Diederichs Verlag, München,
in der Verlagsgruppe Random House GmbH
Umschlaggestaltung: Weiss | Werkstatt | München
Druck und Bindung: GGP Media GmbH, Pößneck
Printed in Germany
ISBN 978-3-424-35058-6
www.diederichs-verlag.de

INHALT

»Ob gut oder böse:
Held bleibt Held.«

La Rochefoucauld

»Der Himmel erhalte dich, wackres Volk,
Er segne deine Saaten,
Bewahre dich vor Krieg und Ruhm,
Vor Helden und Heldentaten.«

Heinrich Heine

VORBEMERKUNG

Die Tatsache, dass es keine Helden mehr gibt, ist leicht daran festzumachen, dass mir niemand einen zeigen kann. Selber noch mit Heldensagen aufgewachsen, erscheint es mir jedenfalls auf rein empirische Weise vollkommen einleuchtend, dass deren Personal ausgestorben sein muss. Wir leben in einem Zeitalter der Talkshows, der Partnerschaftsprobleme, der Feinstaubgrenzwerte, der Reiserücktrittsversicherungen und der Verbraucherrechte. Ein Held, wie weit man den Begriff auch fassen mag, hat hier nichts verloren. Ein Held würde keinen Helm aufsetzen, bevor er durch die Fußgängerzone radelt. Ein Held würde sich keinen Anwalt nehmen, weil der Nachbar zu laut Musik hört. Ein Held würde sich nicht zum Pinkeln hinhocken. Ein Held würde weder an Diskussionsrunden teilnehmen noch sich welche im Fernsehen anschauen. Ein Held würde sich nicht gegen Glasbruch versichern. Ein Held wäre weder »teamfähig« noch »demotiviert«. Ein Held würde Freiheit definieren als die Möglichkeit, sich frei einen Herren zu wählen. Ein Held hielte seine Gene für prädestiniert, das Abenteuer der Evolution auch fortan zu bestehen. Ein Held würde seine Frau, seine Familie, sein Land und seine Ehre verteidigen, ohne auch nur einen Lidschlag lang an seine Gesundheit und sein berufliches Fortkommen zu denken. Ein Held würde für seine Freunde ohne viel Federlesens Kopf und Kragen riskieren. Ein Held würde seine Überzeugungen nicht abhängig davon machen, ob sie mehrheitsfähig sind, und auch dem Agamemnon seine Meinung sagen. Ein Held würde sich kein virtuelles Alter Ego verschaffen, das ano- oder pseudonym im Internet herumkrakeelt. Ein Held hätte keinen »Lifestyle« und würde die Demoskopen vor erhebliche Einsortierungsprobleme stellen. Alles in allem: Ein Held wäre letztlich ein Fall für den Psychologen und sogar die Polizei.

Aber, gottlob, es gibt ja keine Helden mehr. Nicht nur, dass mir selber nichts Heldisches eignet; auch in meiner Umgebung wollte sich im Laufe vieler Jahre nicht die Nasenspitze eines heroischen Menschen zeigen. »Umgebung« schließt hier durchaus jene durch die Medien vermittelte ein. Die große Ausnahme waren jene Männer, die als Rettungsmannschaften zu den Unglücksreaktoren von Fukushima aufbrachen und damit das Risiko des Strahlentods auf sich nahmen. Als sie sich vor den Kameras verneigten, sah ich das erste Mal in meinem Leben Zeitgenossen, über die man in Hexametern schreiben könnte. Dabei läuft gerade in den Medien der permanente Versuch, Helden oder zumindest sogenannte Lichtgestalten zu konstruieren, allerdings in der Regel nur, um sie ein paar Tage später wieder abzuräumen und in ihrer allzumenschlichen Erbärmlichkeit vorzuführen. Eine hier schon mal in den Raum gestellte Frage lautet, ob dieses Abräumen mit Otto von Bismarck genauso leicht gelungen wäre wie mit Guido Westerwelle, mit Nofretete ebenso wie mit Britney Spears. Es liegt zumindest der Verdacht nahe, dass irgendein globales Verzwergungsprogramm läuft. Halten wir zunächst fest: Die Versorgung mit Helden lässt zu wünschen übrig.

Nun kann man sich dazu auf verschiedene Weise verhalten. Man kann diesen Umstand bedauern oder gar beklagen. Man kann ihn gutheißen. Man kann ihn auch rundweg bestreiten und die heroische Potenz des Menschen zur historisch relativ konstanten Gegebenheit erklären. Umgekehrt kann man bestreiten, dass es überhaupt jemals Helden gegeben habe, und alle Berichte über diesen Typus ins Reich der Legenden verweisen. Man kann den Märtyrer zum einzigen wirklichen Helden erheben, gerade im christlichen beziehungsweise restchristlichen Kulturkreis (beziehungsweise Restkulturkreis), wobei dieser Kulturkreis derzeit bekanntlich von aggressiven Märtyrern punktuell angegriffen wird, denen man dann ebenfalls einen gewissen Heldenstatus zubilligen müsste, es sei denn, man einigte sich a priori darauf, dass Heroismus primär vom »richtigen« Motiv abhinge. Ohnehin, unterstelle ich, wird eine Mehrheit von Zeitgenossen mit zweierlei Maß messen und eine mutige Tat nicht als Heldentat akzeptieren, wenn sie nicht von aus ihrer Sicht edlen Absichten motiviert wurde. Wir werden also auf eine gewisse Dehn- und Wandelbarkeit des Heldenbegriffes stoßen, quer durch die Zeiten und Völker, wenngleich unsere Zeit die erste sein dürfte, die sich vom Helden generell zu verabschieden gedenkt, zumindest in einem Teil der Welt.

Parallel dazu findet eine Abdankung des Mannes beziehungsweise der Männlichkeit statt. Beide Phänomene hängen selbstredend zusammen, weshalb dem Schrumpfmann ein gesondertes Kapitel gewidmet ist.

Diese Betrachtung geht von der Prämisse aus, dass die Helden in unserem Weltteil ausgestorben sind. Ihr Verschwinden wird weniger beklagt als vielmehr konstatiert. Keineswegs mag der Autor den Eindruck erwecken, die von ihm zuweilen vorgetragene Aversion gegen den heute mehrheitsfähigen Typus des flexiblen, anpassungsfähigen, charakterarmen und verantwortungsscheuen Überallhinkömmlings, der sich für ein Individualisten hält, obwohl es buchstäblich nichts gibt, wozu er eine persönliche Haltung vertritt, verbinde sich mit der Sehnsucht nach Zweikämpfen und dem Feld der Ehre. Wenn es dennoch so scheint, nun, so scheint es eben nur so.

BLOSS NICHT DEN HELDEN SPIELEN!

WAS ABER WAR ODER WÄRE ÜBERHAUPT EIN HELD? Diese Frage offenbart schnell eine gewisse Relativität des Begriffes, die Abhängigkeit vom Standpunkt des Betrachters. Sie ist ohne Ambivalenzen nicht zu stellen, geschweige zu beantworten, so wie der Spötter angesichts der vielen Heldenfriedhöfe fragt, wo denn die Feiglinge lägen.

Eine halbwegs verbindliche, epochenübergreifende und wertfreie Definition könnte zunächst lauten: Ein Held ist ein Mensch, der unter Hintanstellung persönlichen Glücks und persönlichen Nutzens sein Leben für eine Sache oder für die Gemeinschaft einsetzt und manchmal sogar opfert. Dieses Sein-Leben-Einsetzen kann zehn Minuten dauern oder 60 Jahre; das unterscheidet den Situations-Helden vom »großen Mann« (es kann mitunter auch eine Frau sein). Der Held zerstört nicht, er vollbringt. Er ist der schlechthin freie Mensch und allein imstande, die unerhörte Tat auszuführen und den Status quo zu ändern.

Der Held manifestiert sich durch sein Verhältnis zum Schmerz und vor allem zum Tod. Ein Held ist ein Mensch, dem eine Sache, ein Ideal, ein Wert im Zweifelsfalle mehr gelten als das eigene Dasein. Wobei wir prompt auf das Paradoxon stoßen, dass der Held der einen der Terrorist der anderen ist. Und dem unbeteiligten Dritten mögen beide Lesarten nicht ganz geheuer sein. Erinnern wir uns gleichwohl der berühmten Worte des Generals Pierre Cambronne, der anno 1815 bei Waterloo die Kapitulation der Kaiserlichen Garde mit dem sprichwörtlich gewordenen Satz abgelehnt haben soll: »Die Garde stirbt, aber sie ergibt sich nicht!« (Tatsächlich hat er oder irgendein anderer wohl nur ein Wort gerufen, das auf deutsch mit *Sch-* beginnt.) »Und ob die sich ergibt, die Garde!«, echot es anderthalb Jahrhunderte später durch den Mund eines römischen Legionärs in »Asterix bei den Belgiern«; ein guter Witz, gewiss, doch wie sehr illustriert er den veränderten Zeitgeist!

Lieber sterben als sich ergeben oder unters Joch gehen – in den Worten des friesischen Freiheitshelden Pidder Lüng: »Lever düad üs slav« –: Diese Maxime klingt heutigen Ohren absurd. Aber sie galt vielen Menschen jahrhundertelang als unumstößlich. Wie viele davon mag es heutzutage noch geben? Und wäre eine große Zahl überhaupt wünschenswert? Schließlich sind wir frei und niemand will uns unterwerfen. Was aber, wenn? Und sind wir wirklich frei? Existieren nicht Hunderte subtile Zwänge, die den modernen Menschen fesseln und ihm die Luft nehmen wie die feinen Fädchen der Lilliputaner dem schlafenden Gulliver? Denken wir nicht daran. Der Mensch der Gegenwart hängt nicht so sehr an der Freiheit, er hängt weit mehr am Leben. Aber taten dies nicht die meisten Menschen zu allen Zeiten?

»Woran soll man denn hängen, wenn nicht am Leben, wo es doch das einzige Geschenk ist, das uns der liebe Gott nicht zweimal macht?«, fragt weise die Magd Françoise bei Marcel Proust, und zwar angesichts vorbeimarschierender junger Soldaten, die angeblich nicht daran hängen. Es liegt auf der Hand, dass zum einen die meisten Menschen, vorsichtig gesagt, kein Interesse an Heldentaten haben, und dass zum anderen die friedlichen Zeiten von der Mehrheit als die glücklicheren empfunden werden. *Mögest Du in großen Zeiten leben*, lautet ein chinesischer Fluch. Man könnte vielleicht so formulieren: Eine Gesellschaft ist umso glücklicher, je mehr Menschen in ihr mit aller Entschiedenheit am Leben hängen. Je feiger, desto glücklicher also. In den 1980er-Jahren erschien sogar ein populärwissenschaftliches Buch unter dem Titel »Feig, aber glücklich«, das den notorischen Konfliktvermeider zum Erfolgstypus der Evolution küren wollte.

Allerdings ist das nur die halbe Wahrheit. Wir sind allesamt die Nachfahren von Davonläufern – aber auch von Totschlägern. Die Mutigen mögen im Schnitt zwar eher sterben als die Hasenfüße – doch durch Konfliktvermeidung allein ist die Menschengattung nicht an die Spitze des terrestrischen Daseinswettbewerbs gelangt. Davon abgesehen, dass die Ressourcenknappheit es oft gar nicht erlaubte, einem Kampf aus dem Weg zu gehen, und die gesamte Gattung längst vertilgt worden wäre, hätten keine heroischen Männer gelebt. Überdies vollzieht sich kein Rückzug und kein Kneifen, ohne Spuren im Inneren des Ausweichers zu hinterlassen. Wirklich glücklich ist der Feige nie. Im Gegenteil: Das Bewusstsein seiner Feigheit, mag er sie auch zynisch eingestehen oder, gegen die möglichen Folgen des Mutes verrechnet, als Klugheit rechtfertigen, wird sein Selbstwertgefühl zerfressen. Das gilt übrigens für Individuen wie für Gesellschaften; Feigheit und mangelndes Selbstwertgefühl stehen stets in direktem Zusammenhang, wie unter anderem das Beispiel der Bundesrepublik zeigt.

Auch eine zur vernünftigen Maxime erhobene Konfliktscheu kann den Scheuen in erhebliche Selbstzweifel und Depressionen stürzen. Eine Gegend zu verlassen, weil es dort zu viele Raubtiere gab, hieß für unsere Altvordern ja auch, ein nahrungsreiches Gebiet aufzugeben. Vor dem feindlichen Stamm kampflos sein Land zu räumen bedeutete, es mitsamt seiner Ehre zu verlieren. Das Problem existiert heute noch, sogar rudimentär in den Wohlstandswelten des Westens, wo auch der endaufgeklärte Habermas-Leser lieber Wohngegend und Schule wechselt, wenn die Zahl derjenigen eine gewisse Grenze überschreitet, die nicht an den »zwanglosen Zwang des besseren Arguments« glauben, weil sie die robusteren Argumente und die größere Anzahl männlicher Familienmitglieder besitzen.

Für normale Bürger ist ein Teil des öffentlichen Raums nur noch mit einem gewissen Risiko betretbar. In diversen Stadtteilen herrschen Migrantengangs (»Problemjugendliche«), in anderen walten Linksextremisten (von den Medien liebevoll »Chaoten« oder »Autonome« genannt), wieder anderswo machen fremdenfeindliche Deutsche (»Neonazis«) ihre Revieransprüche geltend. In diesen Gebieten findet ein Kampf um die Straße statt, der teils ethnisch, teils politisch motiviert ist und überwiegend von Kombattanden betrieben wird, die mit dem Begriff »Zivilgesellschaft« nicht nur nichts anfangen können, sondern die sich dahinter verbergende Einstellung als Schwäche verachten. Noch sind diese Räume klein, und man kann sie meiden, noch ist die Zahl der Toten und Verletzten nicht erschreckend hoch.

Hin und wieder greifen die Zustände in den Problembezirken auf die besseren Gegenden über, und der »Zusammenprall der Kulturen«, den Samuel Huntington prophezeit hatte und für dessen Triftigkeit u. a. die Anwesenheit der Bundeswehr in Afghanistan zeugt, findet als lokale Miniaturversion statt. Deutschland müsse nicht nur am Hindukusch, sondern auch in den öffentlichen Verkehrsmitteln verteidigt werden, sprach der CSU-Mann Peter Gauweiler, nachdem zwei ausländische Jugendliche einen vorlauten Rentner in der Münchner U-Bahn nahezu totgeschlagen hatten. Gemeinhin leugnet das Gesinnungsproduktions-Establishment die ethnische Dimension solcher Vorfälle und definiert die Ursache als ausschließlich soziale. In unserem Zusammenhang ist das einerlei; hier interessiert einstweilen nur: Wie reagiert die Zivilgesellschaft, wenn sie punktuell von innen angegriffen wird? Bekanntlich mit dem Ruf nach *Zivilcourage* – Courage allein genügt offenbar nicht. Die Deutschen haben nach 1945 »eine Sonderausgabe von Beherztheit« in die Welt gebracht, »die vielgelobte Zivilcourage, die Magerstufe des Muts für Verlierer«, notiert der Kulturphilosoph Peter Sloterdijk. Dem Ruf nach ihr ist, als eine Art siamesischer Zwilling, stets die Aufforderung beigesellt, man möge aber in entsprechenden Situationen *nicht den Helden spielen*. Die Formulierung impliziert, dass die Option, ein Held *zu sein*, offenkundig nicht mehr existiert. Wer dagegen *den Hel-*

den spielt, veranstaltet dies auf eigene Rechnung und darf auf Unterstützung nicht zählen (aber das ist die Definition heroischen Handelns). Mehr noch: Er muss auch dann Konsequenzen in Kauf nehmen, wenn sein *Heldenspielen* von Erfolg gekrönt war.

Warum wurde der Münchner Dominik Brunner, der sich zwei jugendlichen (abwechslungshalber deutschen) Schlägern in den Weg gestellt hatte und diese Entscheidung mit seinem Leben bezahlte, als »S-Bahn-Held« gefeiert? Brunner hatte jene vielgepredigte Zivilcourage gezeigt, die ungefähr 98 Prozent seiner Zeitgenossen in einer vergleichbaren Lage gemeinhin nicht aufzubieten geneigt sind, indem er sich schützend vor Wehrlose stellte. Aber er wusste mit ziemlicher Sicherheit nicht, worauf er sich da einließ. War er tatsächlich bereit, zu sterben, um ein paar Kinder vor nahezu Gleichaltrigen zu schützen? Andernfalls wären die Kinder eben verprügelt worden, wie allenthalben Kinder verdroschen werden, aber er, Dominik Brunner, würde heute noch leben. Allerdings: Hätte Brunner einen anständigen Schlag am Leib oder einfach nur weniger Pech gehabt, gälte er heute nicht als ein couragierter Mitbürger, der leider den Helden spielen musste, sondern er säße womöglich als überreagierender Problemjugendlichen-Zusammenschläger im Gefängnis. Brunner war es, der Zeugenaussagen zufolge den ersten Schlag führte, und man kennt deutsche Richter inzwischen; viele von ihnen akzeptieren Notwehr bei sozial Bessergestellten ohne Migrationshintergrund nicht so schnell. Wenngleich Brunner in diesem Fall den Helden nicht nur *gespielt* hätte und sich ebenfalls großer Sympathien aus der Bevölkerung erfreuen dürfte. So oder so: Es schien für ihn wie für jeden in ähnlicher Situation nur die Wahl zu bestehen zwischen Wegschauen auf der einen und zweierlei Arten von Martyrium auf der anderen Seite.

Dieser Gedankengang führt zum sogenannten Kern des Problems. Unsere Gesellschaft ist so organisiert, dass sie heroisches Handeln zu unterbinden und, wofern dies nicht präventiv gelingt, es im Nachhinein zu bestrafen trachtet. Politisch, zeitgeistig, polizeilich und juristisch leben wir in einem rigide heldenfeindlichen Milieu. Wer seine Angelegenheiten im echten Konfliktfall in die eigenen Hände nimmt, wird als Feind der Gesellschaft behandelt. Er darf auf jene Nachsicht nicht hoffen, die denjenigen gegenüber oft aufgebracht wird, die ihm den Konflikt aufnötigen.

Aber wir *Homines bundesrepublikanensis* wollen ohnehin nicht *den Helden spielen*. Wir haben uns viel zu gut in unseren bequemen Verhältnissen eingerichtet, und noch ist die statistische Wahrscheinlichkeit nicht sonderlich hoch, dass dort jemand ausgerechnet uns stört. Im Gegensatz beispielsweise zu den etwas robusteren und in puncto persönliche Freiheitsrechte fundamentalistischeren Amerikanern hat sich der deutsche Bürger entwaffnen lassen. Wir haben uns dem Schutz eines Staates anvertraut beziehungsweise ausgeliefert, dessen Verlässlichkeit allerdings zunehmend zum Zweifel Anlass bietet. Dafür regiert er inzwischen bis in die Ehebetten (außer in den bereits erwähnten Problembezirken, dort wagt er es nicht). Unsere Auseinandersetzungen lassen wir von Anwälten führen. Wenn unsere Familie beleidigt wird, sind wir zwar ganz demonstrativ sauer, aber wir fordern den Beleidiger nicht zum Duell. Wenn uns jemand bedroht, rufen wir nach der Polizei (sofern wir nicht den

Eindruck haben, es sei sicherer, dies gerade nicht zu tun). Wird unser Land beleidigt, hören wir weg oder stimmen zu. Ohnehin versuchen wir, uns bei der Äußerung politischer Ansichten am derzeit gerade Opportunen zu orientieren (außer in der Anonymität des Internets). Wenn uns der Chef mobbt, kündigen wir; ist es der Nachbar, ziehen wir um. Werden unsere Kinder auf dem Pausenhof schikaniert, wechseln wir entweder die Schule oder wir sagen ihnen, so sei nun mal das Leben und sie müssten sich möglichst früh daran gewöhnen. Lieber den Schwanz einkneifen und keine Verletzungen oder Schlimmeres riskieren, als seine Würde verteidigen. Sie ist ja bereits im Grundgesetz verbrieft. Den Begriff Männlichkeit halten wir für sexistisch, kulturelle Selbsterhaltung für Rassismus. Diese Mischung aus Indifferenz und Feigheit bei der Nichtverteidigung des Eigenen nennen wir Toleranz. Es handelt sich dabei keineswegs um eine Schwundstufe der preußischen Toleranz, sondern um ihr exaktes Gegenteil. Wir sind alle Feiglinge geworden. Und glücklich? Das mag jeder selbst sehen.

»Mann – du alles auf Erden,
fielen die Masken der Welt,
fielen die Helden, die Herden –:
weites trojanisches Feld –

immer Gewölke der Feuer,
immer die Flammen der Nacht
um dich, Tiefer und Treuer,
der das Letzte bewacht,

keine Götter mehr zum Bitten
keine Mütter mehr als Schoß –
schweige und habe gelitten,
sammle dich und sei groß!«

Gottfried Benn

DER SCHRUMPFMANN

THEORETISCH MÜSSTE EIN NEKROLOG auf den Helden mit einer Darlegung dessen anheben, was diesen Typus einstmals auszeichnete. Das würde uns aber fürs Erste zu weit in die Geschichte führen. Ich gestatte mir also, in der Gegenwart zu beginnen. Der Held war in der Regel männlich, es scheint folglich angebracht, diese Betrachtung mit einer Darlegung des aktuellen Zustandes der Männlichkeit zu eröffnen.

Der feministisch zugerichtete, von seiner tradierten Rolle weitgehend emanzipierte westliche Mann der Gegenwart ist üblicherweise ein Geschöpf, das weder Heroismus noch

Größe kennt oder gar verkörpert. Er hat sich vielmehr damit arrangiert, dass bereits der Begriff Männlichkeit jenseits der Welt der Parfüms längst tabu ist. Er glaubt zu wissen, dass zwar nicht er selber, noch irgendein Mann, den er persönlich kennt, aber *der Mann an sich* ein unangenehmer Geselle ist, der Frauen unterdrückt, seine eigene womöglich schlägt, ständig an der Grenze zur Vergewaltigung lebt und als sozialer Idiot mit seiner Aggressivität das gesellschaftliche Zusammenleben gefährdet, indem er Kriege anzettelt, *gläserne Decken* gegen den beruflichen Aufstieg von Frauen errichtet und sich mit anderen Männern von morgens bis abends Weitpinkelwettbewerbe liefert. Der durchschnittliche westliche Gegenwartsmann selbst steht allerdings ebenso wenig wie die Männer, die er kennt, im Verdacht des Testosteronüberschusses, sondern eher permanent an der Schwelle zum *Burn-out*. Er bevölkert weniger die Arenen als vielmehr die psychologischen Praxen; statt auf dem Kampfplatz sieht man ihn auf dem Spielplatz, das heißt: sofern er noch den Schneid besaß, Kinder *in diese Welt zu setzen*. Er selbst ist, wie die Männer, die er kennt, leistungskritisch, existenziell erschöpft, heimatlos, wellness-orientiert, ernährungsbewusst, anpassungswillig und frei von verzehrenden Leidenschaften. Um irgendetwas unter Einsatz seiner Gesundheit oder seines Lebens zu kämpfen, läge ihm fern. Er ist so liberal, dass ihm kaum etwas Verteidigenswertes einfällt. Er glaubt, dass man über alle Probleme reden muss und sie nur so lösen kann, weshalb er bevorzugt Ratgeberliteratur liest. Befehlen ist ihm unangenehm; dem Kindermädchen oder der Putzfrau Anweisungen zu geben, überlässt er lieber seiner Ehefrau bzw. Partnerin. Er spricht mit anderen Männern in einem eigenen Befindlichkeitsjargon *(Ich finde, Ich würde sagen)* und kennt weder Indikativ noch Imperativ. Er ist vollkommen immun gegen jede Art von Pathos, wenngleich er manchmal heimlich ergriffen weint. Gegen Schmerzen hat er Tabletten. Sein Geld verdient er im Sitzen und nicht mit seiner Hände Arbeit, das von ihm Produzierte schätzt er gering. Obwohl er nicht genau weiß, warum, lebt er eigentlich gerne, und obwohl viele seiner Tage ungenutzt verstreichen, möchte er unendlich viele davon. Um das zu erreichen, achtet er auf seine Figur und trinkt öfter auch mal ein alkoholfreies Bier. Er denkt ständig an Sex, hat aber selten welchen. Die sanfte Melancholie, die sich über sein Dasein gelegt hat, ist ein Produkt der Werbung und der Pornoindustrie, soll heißen: der Erkenntnis, was ihm in seinem realen Leben an Leibern und sexuellen Praktiken alles versagt bleiben wird. Mit der zweiten Haut von Jack Wolfskin schützt er sich nicht nur beim Spaziergang in der Natur, sondern auch beim Weg zum Bäcker und zum Plastikmüllcontainer. Klaglos stellt er beim Check-in seine Schuhe aufs Band; Sicherheit ist das Allerwichtigste. Sein Lieblingsgespräch auf Partys mit den Männern, die er kennt, ist die Altersvorsorge. Ihr Dasein ist ein *Sein-zur-Rente*.

Interessanterweise ist es genau dieser Typus, der Männer für bösartige, dominante Kreaturen hält. Ob das nicht auch daran liegt, dass der raue Geselle ein beinahe feuchter Traum des Schrumpfmannes ist? Freilich, um ein solches Exemplar zu sehen, muss er in die Dritte Welt fahren oder sich in schlechte Gegenden wagen oder ein Geschichtsbuch aufschlagen oder ins Kino gehen. Die modernen Krieger in ihren Boss-Anzügen sind ja auch bloß Schrumpfversionen der

Waffenträger von dereinst. Wobei angesichts eines solchen Trupps auf dem Weg in eine Bar oder zu einem jener *Meetings*, wo sie sich dann gegenseitig *Flipcharts* zeigen, schon die Frage vorstellig wird, was das wohl für eine Evolutionsform sein mag. Oder ob sie gar ihr Walten eingestellt hat, die Evolution, so um 1965 herum ...

Wer beherrscht heute noch Überlebenstechniken, mit denen er in der Natur über längere Zeit sein Dasein erhalten könnte? Wer kennt jemanden, auf den man sich in Krisenzeiten verlassen dürfte, der die archaische Sicherheit eines Kriegers ausstrahlt? Die jahrtausendealten männlichen Verrichtungen: auf die Jagd gehen, in der Wildnis überleben lernen, ein Tier schlachten und ausweiden, Wölfe und Bären verjagen, Pferde bändigen, den Feind abwehren, um Frauen kämpfen, neuen Lebensraum erschließen, den Wald roden, sein eigenes Haus bauen, ein Feld bestellen, nach Erz graben, ein Schiff besteigen, um zu schauen, was hinter dem Horizont liegt, Kontinente erobern, Teufelspakte schließen, göttliche Gebote in Empfang nehmen, als Patriarch der Familie gebieten, als Mönch heilige Berge besiedeln – all das existiert so gut wie nicht mehr. Sogar der stolze Torero soll, wenn es nach dem Willen der Wohlmeinenden geht, sein blutig-gefährliches Kampfspiel für immer einstellen. Entsprechend hat sich die Mentalität des westlichen Mannes verändert. Wer keine Kontinente mehr zu erschließen hat, der verbrennt auch keine Schiffe mehr hinter sich. Der Schrumpfmann möchte schon zur »Tagesschau« daheim sein. Den Abenteuerurlaub bucht er zusammen mit Reiserücktritts- und Unfallversicherung. Da er die Angstlustgefühle der realen Jagd und des echten Kampfes nicht mehr genießen kann, sieht er sich Horrorfilme an oder bläst virtuelle Feinde am PC weg.

Doch der Mentalitätswandel endet dort, wo die Biologie letzte Grenzen zieht. Auch der im Kopf zum Neutrum umerzogene Mann bleibt körperlich und hormonell einer. Wenn er keine Muskulatur, keinen Willen zur Herrschaft und keine Schmerztoleranz mehr besitzt, so spürt er doch immer wieder einen Rest von Scham deshalb. Er ahnt, dass er keinen Ernstfall überstehen würde, obwohl er eigentlich, Zelle für Zelle, dafür geschaffen worden ist. Was Jahrmillionen geformt haben, lässt sich – trotz zahlreicher beeindruckender Dressurerfolge – nicht in einer oder zwei Generationen wegtherapieren.

Genau dieser Versuch findet freilich statt, und er kann nirgendwo anders erfolgreicher stattfinden als in einer überalterten, feminisierten, wehleidigen, von historischen Schuldgefühlen gesteuerten, der Gleichheit und der Androgynität huldigenden Gesellschaft wie der deutschen, die Männlichkeit mit halb priesterlichem, halb irrenärztlichem Gestus bekämpft.

»Nach der Entnazifizierung kommt jetzt die Entmachoisierung, die Verwandlung des Mannes in ein sorgendes Haustier. Letztlich geht es um die Ausrottung von Stolz und Ehrgeiz«, resümiert der Philosoph Norbert Bolz. Das Maskottchen für diese gewünschte Umerziehung könnte die baden-württembergische Landtagsabgeordnete Monika Strub abgeben, ehemals Horst Strub, früher NPD, heute Linkspartei: Strub hat nicht nur in die richtige Richtung das Geschlecht gewechselt, sondern auch die politische Gesinnung, sodass eine rechtskonservative Zeitung spotten konnte:

»Was bleibt von einem NPD-Mann übrig, wenn man ihm das Gemächt nimmt? Eine Linken-Politikerin.«

Für die Alterskohorte der heute ins Berufsleben eintretenden jungen deutschen Männer wurde der reizende Begriff »Generation Schrottpresse« in Vorschlag gebracht: Sie geraten als Ausquetschmasse zwischen die immer zahlreicher und älter werdenden Rentner, deren Pensionen sie zahlen sollen, und das ebenfalls immer zahlreicher werdende, zu großen Teilen aus virilen Zugewanderten bestehende Prekariat, für dessen Alimentierung sie aufkommen müssen, wenn sie wollen, dass seine Angehörigen ruhig bleiben und sich nicht einfach nehmen, was ihnen begehrenswert erscheint.

Dafür, dass die »Generation Schrottpresse« mental nahezu verteidigungsunfähig ist, wurde lange vorgearbeitet. Sie wuchs auf in einem Klima nationaler und kultureller Selbstgeringschätzung und vor allem in einer Gesellschaft ohne männliche Werte. »Auch einstmals positive Qualitäten des Mann-Seins werden mittlerweile gesellschaftlich umgedeutet«, notiert der Soziologe Walter Hollstein. »Mut wird als Aggressivität denunziert; aus Leistungsmotivation wird männlicher Karrierismus, aus Durchsetzungsvermögen männliche Herrschsucht, aus sinnvollem Widerspruch Definitionsmacht, und das, was einst als männliche Autonomie hochgelobt war, wird nun als Unfähigkeit zu Nähe und Hingabe diffamiert. Männer müssen sich seit circa vier Jahrzehnten als Unterdrücker, Schweine, Ungeziefer, Vergewaltiger oder – bestenfalls – Trottel denunzieren lassen.«

Wenn man den Buchmarkt als einen Indikator nimmt (und intellektuell ist er's allemal noch), dann stehen seit ungefähr zwei Dekaden bezüglich der Geschlechterfrage die beiden Trends bolzenfest: Frauen steigen auf, Männer ab. Während zu der ersten Entwicklung offiziell nur die Haltung uneingeschränkter Akklamation möglich ist, wird der Abstieg des Mannes teils mit tribunalistischer Schadenfreude, teils aber auch mitleidig oder sorgenvoll kommentiert. Da Mitleid ebenfalls eine Form der Aggression sein kann, zumindest aus der Sicht eines Mannes, darf von einer flächendeckenden Aggressivität gegen das vermeintlich aggressive Geschlecht durchaus gesprochen werden.

Folgende Buchtitel kamen in den letzten Jahren in den Handel (die Auswahl ist höchst unvollständig): »Männer haben keine Zukunft«, »Weißbuch Frauen/Schwarzbuch Männer: Warum wir einen neuen Geschlechtervertrag brauchen«, »Der Mann in der Krise«, »Nur ein toter Mann ist ein guter Mann«, »Sternzeichen Scheißkerl«, »Der Mann. Ein Irrtum der Natur?«, »Keine Zukunft für Adam«, »Männerversagen«, »Der blockierte Mann«, »Warum der Mann nicht lieben kann«, »Die sieben Irrtümer der Männer. Der Mann muss zur Besinnung kommen«, »Man gewöhnt sich an alles, nur nicht an einen Mann«, »Blöde Männer«, »Männer sind doof«, »Männer taugen zu nichts«, »Warum Männer nichts taugen«, »Der Mann als logische und sittliche Unmöglichkeit und als Fluch der Welt«, »Trau niemals einem Mann«, »Wie ändere ich meinen Mann«, »Männer-Versagen«, »Wie erziehe ich meinen Mann«, »Ein bisschen Männerhass steht jeder Frau«, »Hunde sind die besseren Männer«, »Auslaufmodell Mann. Wie das starke Geschlecht zum schwachen wurde«, »Der Mann ein Auslaufmodell?«, »Was tun mit nutzlosen Männern?«, »Mimosen in Hosen.

Eine Naturgeschichte des Mannes«, »Männer – das schwache Geschlecht«. Nicht zu vergessen die Neuauflage von Valerie Solanas' »Manifest zur Vernichtung der Männer«. Und so fort.

Die Floskel, jemand oder etwas sei »frauenfeindlich«, ist heutzutage ein arger Vorwurf, dessen Anwendung schnell Sanktionen nach sich zieht oder politischen Zins abwirft, während die multimediale Kollektivschmähung von Männern völlig normal geworden ist. So erklärte etwa die stellvertretende FDP-Vorsitzende Cornelia Pieper, der Mann sei »auf seiner Entwicklungsstufe stehen geblieben« und »von der Evolution und dem weiblichen Geschlecht überholt« worden. »Wer die menschliche Gesellschaft will, muss die männliche überwinden«, schrieben die Sozialdemokraten schneidig in ihr »Hamburger Programm«. »Warum Männer früher sterben sollten«, lautete die Schlagzeile einer »Spiegel-online«-Geschichte; »Eine Krankheit namens Mann« überschrieb der »Spiegel« eine Titelstory. Im März 2011 strahlte die ARD zur besten Sendezeit einen Film namens »Freilaufende Männer« aus. »Er schläft, schnarcht und sabbert«, lautete darin die Kurzbeschreibung eines der Protagonisten aus dem Mund seiner Geliebten; »Ein Käfig für drei Narren« überschrieb die FAZ ihre Rezension. Der Mann: ein Idiot, ein schweineähnliches Tier.

Zugleich soll *Homo sapiens maskulinensis* an allem schuld sein, was immer falsch läuft in der Welt, ob Kriege oder Wirtschaftskrisen, ob die Erosion des Sozialgefüges oder der Partnerschaften. Nachdem er Säbelzahntiger und Höhlenbären besiegt, Pyramiden und Paläste gebaut, Länder urbanisiert, Kontinente erschlossen, das Kindbettfieber besiegt und sogar den Mond betreten hat, soll er nun abdanken. Ein bisschen unfair ist das schon.

Es ist einer Avantgarde des schwachen Geschlechts gelungen, der öffentlichen Meinung eine Dosis Misandrie zu verpassen, neben der sich sämtliche Stammtisch-Mysogynien wie Chorknabengespräche ausnehmen. Drei Klassikerinnen des Feminismus sollen hier als Beispiele genügen: »Durch seine Unfähigkeit zu menschlichem Kontakt und zum Mitleid hat das männliche Geschlecht die ganze Welt in einen Scheißhaufen verwandelt«, schrieb Valerie Solanas, »Männer sind Nazis, durch und durch. Ihr Tod ist also historisch gerechtfertigt«, sekundierte Marilyn French, und Andrea Dworkin war der Ansicht: »Terror strahlt aus vom Mann, Terror erleuchtet sein Wesen, Terror ist sein Lebenszweck.«

Die Männlichkeitsverachtung breitet sich unter dem Vorwand aus, sie wende sich gegen die »Frauenfeindlichkeit« in der Gesellschaft, gibt sich also defensiv. Tatsächlich rollt die Gesellschaft den Frauen eifrig überall rote Teppiche aus. Das Establishment behängt sogar eine Sexistin und verkrachte Existenz wie Alice Schwarzer mit seiner höchsten Auszeichnung, dem Bundesverdienstkreuz. Sämtliche feministischen Basalmärchen haben sich in den multimedial verdrehten Köpfen als vermeintliche Tatsachen durchgesetzt. Obwohl es x-fach widerlegt ist, beklagen Medien und Politik beharrlich die 23 Prozent, die Frauen angeblich weniger verdienen als Männer (bei gleicher Tätigkeit gibt es kaum Unterschiede; nur wenn man die Einkommen von beispielsweise Ärzten und Schwestern und Pflegern oder Piloten und Stewardessen munter in einen Topf wirft, entstehen solche

Zahlen). Obwohl alle Parteien, bei denen Frauenquoten durchgedrückt wurden, die Männer bei der Vergabe von Führungsposten benachteiligen – immer sitzen prozentual mehr bis deutlich mehr Frauen auf solchen Posten, als die Partei prozentual weibliche Mitglieder hat –, soll nun auch die Wirtschaft für Aufsichtsräte eine Quote einführen, egal, ob sich dafür geeignete oder überhaupt nur willige Frauen finden lassen. Obwohl quer durch die westliche Welt zahlreiche Studien ergeben haben, dass häusliche Gewalt, wozu übrigens auch jene gegen Kinder gehört, in beinahe gleichem Maße von Schrumpfmännern und Powerfrauen ausgeht, wobei Letztere ihre körperliche Unterlegenheit oft durch den Einsatz von Gegenständen kompensieren, reißt die notorisch einseitige Klage über Männergewalt gegen Frauen nicht ab.

Hier ist ein kleiner Einschub nötig, denn dieses Thema ist des feministischen Spottes so sicher wie die vermeintliche gläserne Decke, welche Frauen am Aufstieg hindere, des feministischen Geplärrs. Frauengewalt gegen Männer? Gibt es denn so was? Die Männer sind doch körperlich viel stärker! Wie witzig: der arme, von seiner Frau verprügelte Mann! Wo frau doch heutzutage nicht mal mehr ein Nudelholz hat, weil sie nur noch Fertiggerichte kann. Welcher Mann lässt sich von einer Frau schlagen?

Die Antwort ist denkbar einfach: fast jeder. Es ist ja in höchstem Grade unmännlich, eine Frau zu schlagen, auch für den Schrumpfmann. *Mädchen haut man nicht*, lautet eine der elementarsten Regeln, die ein Junge lernt, zumindest in unserem Kulturkreis. Jede Frau, die sich mit ihrem Partner auf einen handfesten Krach einlässt, kann zunächst mit diesem Tabu rechnen. Sollte *er* sich darüber hinwegsetzen, dann darf *sie* sicher sein, dass die herbeieilende brave Polizei *ihn* mitnimmt und nicht *sie*, dass ein allfälliger Richterspruch *ihm* verbietet, die Wohnung wieder zu betreten, und nicht *ihr*, dass im Zweifelsfall immer *sie* die Kinder behält und nicht *er*. Er hat also keineswegs nur die schwache Frau und die Sitte gegen sich, sondern quasi die gesamte Gesellschaft, wenn er zulangt, weshalb Männergewalt gegen Frauen tatsächlich meist in den prekären Milieus stattfindet, wo es dem Kerl eher wurst ist, was die Sitte sagt, was die Nachbarn denken, ob die Polizei kommt, wer die Kinder behält und ob er im Gefängnis landet – oder er zumindest so blau war, dass ihn das alles erst zu spät wieder interessiert. Wir hatten bereits festgestellt, dass eine postheroische Gesellschaft gegenüber solchen Milieus erhebliche Probleme hat, ihre Werteordnung durchzusetzen, weil es ihr dafür an hinreichend brutalen Männern mangelt. Jedenfalls kommen die wohlfeilen Kampagnen des Feminats gegen Männergewalt dort, wo diese Gewalt stattfindet, natürlich überhaupt nicht an.

Für unser Thema bleibt festzuhalten: Männlichkeitsabwertung ist so sicher ein Kennzeichen einer postheroischen Gesellschaft, wie dies ganze Geplärr beim leisesten Pieps des Weltgeistes sofort ängstlich verstummen würde. Das Ausmaß feministischer Propaganda ist immer auch ein Wohlstandsindikator, denn die Schwestern fordern ja nie wirkliche Teilhabe, sondern stets nur die an den Privilegien. Hat man je von einer Kriegs- oder Krisensituation gehört, in welcher Frauen den Männern gleichgestellt werden wollten? Natürlich funktioniert die Männerabwertung bei gleichzeitiger Frauenprivilegierung nur durch kräftige männliche

Mithilfe (es gibt dafür das Gleichnis von gewissen Nagetieren, die sinkende Schiffe verlassen), und sie mag viele Frauen, womöglich sogar eine Mehrheit von ihnen, anwidern, zumal der männlichkeitshassende Mann auch in seinem sonstigen Habitus nicht gerade der Typ ist, von dem sie schon als Mädchen immer geträumt haben. Selbstredend findet der vermeintliche Krieg der Geschlechter nicht wirklich statt, nicht einmal im Ansatz, weil die bekämpfte Seite die Waffen gar nicht erst aufnimmt. Unter dem Feldzeichen von Feminismus und Frauenemanzipation marschiert eine Armee, die noch nie auf einen Gegner getroffen ist, der immer alle Tore geöffnet stehen und die beim ersten echten Konflikt in alle Winde auseinanderstieben würde. Dass die angegriffene Seite sich nicht wehrt, und zwar letztlich aus Gründen immer noch rudimentär vorhandener Manieren, ist übrigens abwechslungshalber mal kein Zeichen männlichen Niedergangs, sondern ein letzter Rest von Männlichkeit – man könnte auch sagen: Restritterlichkeit. Ein echter Mann kämpft nicht gegen Frauen. Er konkurriert auch nicht mit ihnen, so wenig, wie er sich mit einer Frau um den letzten Platz im Rettungsboot schlagen oder die »Emma« abonnieren würde. Da sitzt er nun fest.

Etwas anders sieht es für die Jungen aus, denen ritterliches Verhalten abzuverlangen doch ein wenig frivol wäre. Es gibt für einen heranwachsenden Knaben überhaupt kein positives Männerbild, an dem er sich orientieren oder abarbeiten könnte. Stattdessen schlagen die intellektuellen Wortführer der Gesellschaft vor, die Jungen mögen sich nach den Mädchen richten, weil die Zukunft ohnehin weiblich (»sozial«)

und Männlichkeit etwas Zerstörerisches sei. Kindergärtnerinnen und Lehrerinnen setzen dies pädagogische Ideal durch, indem sie feminines Verhalten prämieren und maskulines im Zweifelsfalle bestrafen. Den Jungen bleiben später, sofern sie der erwünschten Domestikation nicht völlig erlegen sind, zwei Fluchträume: der Sport und die Kriminalität. Kämpferische Männlichkeit darf sich heutzutage nurmehr noch im Sport entfalten; nur im Sport darf der Sieger über den Besiegten triumphieren, wenngleich auch dort die ersten fortschrittlichen Pädagogen mit der Umerziehung des Nachwuchses beginnen, dem solch verwerflicher Diskriminierungswille abtrainiert werden soll, auf dass verlogene Parolen wie »Dabeisein ist alles« als gemeingültige Maximen etabliert werden. Auf der anderen Seite beweisen Symptome wie Rap, Gangsta-Kult und Jugendgewalt keineswegs, dass wir in einer männlichen Gesellschaft leben, sondern ganz im Gegenteil in einer feminisierten; nur wo es keine Männer gibt, können sich Jugendgang-Fatzkes und »Arschficksong«-Schreiber wie echte Kerle vorkommen.

Eine spezielle Option bildet das Schwulsein oder wohl besser: Schwulwerden. Während der effemierte Mann hofft, dass ihn die Frauen von der Last befreien, ein männlicher Mann sein zu müssen, nimmt der homosexuelle Mann die Verweiblichung an, ohne sich auf den Beziehungsstress mit deren Vorbildern einzulassen.

Der Schwule ist jedenfalls das selten bis nie, was der Mann jahrtausendelang nahezu immer und hauptsächlich war: Vater. Sorgend, strafend, liebend und zornig stand Gott, der Herr, als der schlechthinnige Vater der Menschenfamilie vor, und der irdische Patriarch versuchte, diesem Bild *en miniature* zu entsprechen. Die Figur des Vaters ist in den vergangenen hundert Jahren radikal entwertet worden, beginnend mit Psychoanalyse und Expressionismus, einstweilig endend im Feminismus und der Familienrechtsprechung. Der Angriff auf die Macht der Väter hatte viele plausible Gründe, doch sie alle zusammen rechtfertigen nicht das Ergebnis. Aus dem würdevollen Familienoberhaupt und fleißigen Ernährer ist eine Niete, ein Macho, Pascha, Ausbeuter, Prügler, potenzieller Sexualmissbrauchstreiber, Langweiler, kurz: ein Beziehungsschreck geworden. Immer häufiger kann er seine Familie weder ernähren noch zusammenhalten. Öffentliches Väteranpinkeln avancierte zum beliebten und zuweilen lukrativen Gesellschaftsspiel, wie zuletzt ein Helmut-Kohl-Sohn mit hoher Buchauflage vorführte.

»Die vaterlose Gesellschaft« nannte der Journalist Matthias Matussek den familiären beziehungsweise familienpolitischen Scherbenhaufen, vor dem wir heute stehen. So hat es die deutsche Sozialpolitik vermocht, aus 160 000 Kindern auf Sozialhilfe anno 1960 heuer zwei Millionen zu machen, und eine Million davon wachsen ohne Vater auf. Quer durch alle Milieus werden jeden Tag hierzulande in Folge von Scheidungen an die 400 weitere Kinder vaterlos (mitunter auch mutterlos). Wie die bei Sorgerechtsprozessen zuhauf entsorgten Männer demonstrieren, stellen Väter in der Gesellschaft keinen Wert, nichts Schutzwürdiges dar, sie gelten als entbehrlich. Der Staat nimmt – juristisch wie finanziell – bei einer Scheidung die Vaterrolle ein und ersetzt den Versorger durch Sozialhilfe. Den Vater als maskulines Leitbild vermag er freilich nicht zu ersetzen. Selbstredend rächt sich das bereits auf mittlerer Sicht. Wie Statistiken zeigen, ist zum Beispiel eine gewaltige Mehrheit der männlichen Kriminellen ohne Vater aufgewachsen. Und Scheidungskinder produzieren, wenn sie erwachsen sind, signifikant häufig wieder Scheidungskinder.

Männlichkeit muss man erwerben, Weiblichkeit »wird«. Immer mehr Männer verzichten auf den Erwerb von Männlichkeit, indem sie bis ins Alter *große Jungen* bleiben und möglichst jeder Verantwortung aus dem Wege gehen. Im Wesentlichen besteht die Verantwortungsscheu im Unwillen, Kinder zu zeugen und eine Familie zu gründen, während die Verantwortungsflucht einsetzt, wenn es versehentlich doch passiert ist. Es gibt ja keineswegs nur entsorgte Väter, auch wenn die meisten Scheidungen von Frauen eingereicht werden, sondern immer mehr Bindungs-Aversionisten, einzig an ihrer Triebabfuhr interessierte Männer, die Frau und Kind(er) sitzen lassen, weil sie, ebenso wie die scheidungsentschlossene Frau, davon ausgehen können, dass Vater oder besser: Mutter Staat schon für die Verlassenen sorgen wird. Außerdem ächtet die Gesellschaft auch ein solches Verhalten nicht im Geringsten; das Schäbigste, was ein Mann tun kann, nämlich seine Kinder verlassen, gilt in einer Welt ohne Kavaliere als Kavaliersdelikt.

In den zerschredderten Familien findet so täglich im Großen statt, was Politiker zuletzt mit wachsender Häufigkeit im Kleinen vorgeführt haben: Man schmeißt eine Sache eben hin, wenn einem irgendetwas gegen den Strich geht und man *keinen Bock* mehr verspürt. Zwei der größten Großmäuler in der deutschen Politik der letzten zwanzig Jahre sind von einem Tag auf den anderen aus ihren Ämtern desertiert, der eine als Berliner Wirtschaftssenator, der andere als Bundesfinanzminister, beide aus demselben Grund, weil sie ihre linke Weltsicht so wenig in erfolgreiche Wirtschaftspolitik verwandeln konnten wie ein mittelalterlicher Alchemist Blei in Gold. Wenn man Männlichkeit mit dem noblen Wort *Trostunbedürftigkeit* charakterisiert, war Horst Köhlers weinerlicher Rücktritt vom Amt des Bundespräsidenten ein Akt von exzessiver Unmännlichkeit. Wie kann der Inhaber des höchsten Amtes im Staate, ein Mann, der im Ernstfall das Parlament auflösen muss, wegen irgendwelcher Medienkritiken mit tränenerstickter Stimme verkünden, man lasse es an Respekt ihm gegenüber fehlen, und sich davonmachen? Angenommen, Köhler ist in Wirklichkeit aus anderen Gründen zurückgetreten, nämlich weil er es als Wirtschaftsfachmann nicht verantworten konnte, mit seiner Unterschrift den sogenannten Euro-Rettungsschirm zu bewilligen, wie verschiedentlich gemutmaßt wurde: Warum hat er es dann nicht öffentlich gemacht? Dem Bundespräsidenten hätte doch jeder Sender jeden beliebigen Sendeplatz freigeräumt.

Es gab auch einmal eine Zeit, da nahmen Unternehmenschefs, die ihre Firma in den Ruin gewirtschaftet hatten, nicht Millionenabfindungen mit nach Hause, sondern sich eher das Leben. Die Gier eines gewissen Schlages von Wirtschaftsführern nach leistungsfreien Bezügen mag eine zu allen Zeit vorkommende Charakterlosigkeit sein, sogar in deutschen Landen, doch die inzwischen dabei an den Tag gelegte Schamfreiheit scheint eine neue Qualität darzustellen. Sie diskreditiert nicht nur das männliche Leistungsprinzip, sondern hat eine verheerende Wirkung auf die allgemeine Moral, die ohne prinzipienfeste Männer in Führungspositionen zügig verlottert.

Neben dem Hinschmeißen von Ämtern ist das öffentliche Bereuen und Abbitteleisten zu einer Mode geworden, wobei nicht etwa Reue und Abbitte, sondern die Einbeziehung des großen Publikums unmännlich sind. Ein besonders kruder Fall war die öffentliche Reuebekundung des prominenten Fußballtrainers Ottmar Hitzfeld, der wegen einer brasilianischen Geliebten um Vergebung bat, für die man sich, wie die von der Boulevardpresse mitgelieferten Fotos zeigten, nun wirklich nicht zu schämen brauchte. Zum festen Bestandteil bundesrepublikanischer Folklore gehören die Entschuldigungen, welche Politiker vortragen, weil sie irgendetwas Missverständliches oder falsch Interpretierbares zu einem der hiesigen Tabuthemen gesagt haben.

Ein typischer Fall als *pars pro toto*: Als Christian Wulff, damals noch niedersächsischer Ministerpräsident, anno 2008 von einer »Pogromstimmung« gegen Manager redete oder faselte, folgten die üblichen Medienreaktionen. Wulff verharmlose das Dritte Reich, hieß es unisono; wie immer in solchen ideologisch eindeutigen und politisch unwichtigen Fällen ertönte die maßlose Forderung nach seinem Rücktritt. Wulff schlug nicht etwa mit der Faust auf den Tisch und sagte: Ihr spinnt wohl!, nein, er tat, was deutsche Politiker am liebsten tun: Er entschuldigte sich. Und zwar mit den Worten: »Nichts kann und darf mit der Judenverfolgung und den schrecklichen Pogromen gegen die Juden verglichen werden.« Das ist zwar das offizielle Glaubensbekenntnis der Bundesrepublik Deutschland, war jedoch insofern seltsam, als Wulff nichts dergleichen getan, sondern nur von einer Pogromstimmung an sich gesprochen hatte – ein übertriebenes, womöglich ein bisschen dämliches Bild, aber ohne Übertreibungen und Dämlichkeiten ist freie Rede nicht zu haben. Man wüsste natürlich gern, wie ein Christdemokrat zu der ethisch fragwürdigen Behauptung kommt, Pogrome gegen Hugenotten, Armenier oder Bosniaken seien weniger schrecklich als Pogrome gegen Juden. Aber in diesen heiklen Fragen wie Pudel dressiert, wissen deutsche Politiker selbstverständlich genau, was sie reden (man achte in diesem Zusammenhang auf das Wörtchen »darf«). Nur Menschen, die dergleichen Lippenbekenntnisse roboterhaft abzusondern verstehen, besetzen hierzulande die politischen Spitzenämter, und das ist einer der Gründe, warum sich vor meinem sogenannten inneren Auge zuweilen die Begriffe Deutscher Bundestag und Volkskammer der DDR träumerisch vermengen. Davon abgesehen, dass in einem freien Land alles mit allem verglichen werden können muss, würde ein Mann mit Rückgrat, auch wenn er exakt dasselbe meinen würde, was Wulffs verbaler Eiertanz zum Ausdruck brachte, sich niemals so devot äußern. Rückgratlosigkeit ist aber nur ein Synonym für Unmännlichkeit. Wohin sie Wulff geführt hat, ist bekannt.

Es handelt sich bei den Entschuldigung Erbittenden fast immer um Männer, bei denen plötzlich die Angst vor der eigenen Courage vorstellig geworden ist; ein Problem, das Frauen kaum kennen, da sie risikoscheuer sind und seltener Streit anzetteln. Wer aber einmal den Streit gesucht hat, soll ihn auch ausfechten. Ein Mann hat sich seinen Kontrahenten zu stellen, und wenn der Gegner die von HysterikerInnen wie Claudia Roth oder Wolfgang Thierse vertretene deutsche Öffentlichkeit ist, wird das Einknicken besonders peinlich.

In Deutschland muss nämlich niemand ein Held sein, um seine Meinung zu äußern. Wer im öffentlichen Meinungsstreit die Rolle des Parias zu übernehmen wagt, riskiert ja außer gesellschaftlicher Isolation, Rufmord, Jobverlust, dem Zwangsausschluss aus Vereinen, Telefonterror, körperlichen Attacken auf der Straße, dem Gemobbtwerden seiner Kinder in der Schule und ähnlichen Symptomen der Sippenhaft (Frau Sarrazin wüsste davon wohl ein garstig Lied zu singen) nicht viel. Er darf weiter zur Miete wohnen und die öffentlichen Verkehrsmittel benutzen, was nicht ganz unwichtig ist, denn zuweilen haben engagierte »Chaoten« sich einen Jux gemacht und unter seinem Auto einen Brandsatz platziert ...

Querköpfe wie der Historiker Ernst Nolte oder Thilo Sarrazin sollen hier also nicht als Helden präsentiert werden, insbesondere Letzterer nicht, der ja das Glück besaß, einen Bestseller geschrieben zu haben; ihn trösteten siebenstellige Einnahmen und ein gewaltiger Zuspruch der »Menschen da draußen im Land« (Angela Merkel) darüber hinweg, dass seine Einlassungen »wenig hilfreich« (wieder Merkel) waren und er fortan in den Augen des politisch-medialen Establishments und der Kulturschickeria ein Tschandala sein würde. Aber wenn Männer wie Nolte und Sarrazin auch nicht zum Heros taugen, so kann ihnen getrost bescheinigt werden, dass sie, wie man sagt, *Eier haben*, dass sie sich nicht dem Sturm der aggressiv Wohlmeinenden und abrufbereit Empörten gebeugt haben und das ganze meutenhafte Gesinnungsgouvernantentum – »Wie erschrak die Gouvernante,/

37

als sie die Gefahr erkannte!« (Wilhelm Busch) – stoisch über sich ergehen ließen, ohne die von ihnen als richtig erkannten Positionen zu räumen. Das ist einfach hinreißend in einem Land, wo sich jeden Tag jemand entschuldigt oder etwas widerruft, weil irgendein Diskurslinienrichter hochfrequent mit seinem Fähnchen gewedelt hat.

Männlich ist die Selbstbehauptung, nicht die Diskussion vulgo das Gequatsche. Eine diskursive Gesellschaft ist – so sehr sie dem rhetorisch begabten Gockel Gelegenheit gibt, auf den televisionären Misthäufen herumzukrähen – eine tendenziell unmännliche Gesellschaft, zumal das Ergebnis der Diskurse gewöhnlich von vornherein feststeht. Mit einem gewissen Recht haben inzwischen auch Moderatorinnen die Herrschaft im Reich des Gequassels errungen. Die Gestalt des Schrumpfmannes verkörpern in dieser Sphäre idealtypisch zwei TV-Unterhalter: Johannes B. Kerner und Reinhold Beckmann. Zunächst einmal sind beide keine Männer, sondern in die Jahre gekommene Jungen. Der Betrieb hat sie nach oben – nein: nach vorn – gespült, und sie danken es ihm als zwei abgeschliffene Kiesel mit vollendeter Unanstößigkeit. Hinter beider lebensspurenfreien Gesichtern wohnte nie ein Gedanke, der ihrer Karriere hätte schädlich werden können. Beide würden niemals etwas anderes tun, als dem jeweils herrschenden Zeitgeist zu dienen, beide haben es oft und je einmal besonders exemplarisch vorgeführt, der eine, indem er die medial ohnehin fangschussreif zugerichtete Anti-Feministin Eva Herman nach Plan und anscheinend vorheriger Absprache mit den anderen Gästen aus seiner Sendung warf, der andere, indem er den ähnlich als erledigenswert vorpräparierten ehemaligen Bundesbanker Thilo Sarrazin zwar einlud, ihm aber sage und schreibe fünf Gegner zur Seite setzte, auf deren Seite er sich natürlich auch noch selber schlug. Die Herstellung politisch korrekter Mehrheitsverhältnisse waltet ohnehin über jeder Talkshow, doch nie zuvor hatte man es so unfair erlebt wie in den beiden genannten Fällen. Als besonders pikante Form von angepasster Verlogenheit sollte dabei erwähnt werden, dass Kerner eine Frau abstrafte, die exakt das predigte, was er selber bei sich daheim praktiziert: dass Kinder bis zu einem gewissen Alter von ihrer Mutter betreut werden sollen, die dafür ihren Job aufgibt.

Der unmännliche Zeitgeist der Konfliktbehandlung durch folgenarmes Dauergerede ist erst möglich ab einem gewissen Luxus. Mag sein, dass er wieder verschwindet, wenn dieser Luxus einmal unterschritten wird, wobei es dann fraglich ist, ob der Menschenschlag überlebt, der von diesem Zeitgeist geprägt wurde. Die Verlagerung des Schlachtfeldes auf die diskursive Ebene hat einen Typus hervorgebracht, für den der Begriff Maulheld wie geschaffen ist, natürlich erst, seitdem das Duell abgeschafft wurde, sonst bliebe man auch heute von ihm unbehelligt. So aber lungert und lärmt er allenthalben, in Universitäten, politischen Zirkeln, Redaktionsbüros und hier an diesem Schreibtisch.

Der Zeitgeist hat immer wieder versucht, der jeweiligen Schwundstufe des Mannes Etiketten anzupappen, die statt eines Niedergangs bloß eine veränderte Normalität suggerieren sollten. So tauchte etwa in der Bundesrepublik der 1970er- und 80er-Jahre der sogenannte »neue Mann« auf, ein Typus, der sich angeblich als Reaktion auf die Frauenbewegung herausgebildet hatte. Über die 68er lässt sich viel Negatives sagen, aber die meisten von ihnen waren insofern normale Kerle, als sie mit ihrem Rebellionsgetue nur nebenher die bürgerliche Gesellschaft, hauptsächlich aber die Schlüpfer der Kommunardinnen aus dem Weg räumen wollten; Feministen waren sie jedenfalls nicht. Das Hauptmerkmal des »neuen Mannes« sollte dagegen nun ein »Hinterfragen« seiner »Geschlechterrolle« sein, wobei Hinterfragen nichts anderes als einen allmählichen Verzicht darauf meinte – »Re-education Teil II«, wie Norbert Bolz spottet. Untrennbar damit verbunden war der Abbau der »Zwangsheterosexualität«, das heißt, der »neue Mann« war gehalten, sowohl seine weibliche als auch seine homosexuelle Seite »zu entdecken«. Kurz gesagt führte also die Geschichte des abendländischen Mannes in den letzten 500 Jahren von der Entdeckung Amerikas zur Entdeckung seiner weiblichen Seite. Der Kolonist steht im Begriffe, ein Kolonisierter zu werden.

Eine andere Zwischenstufe dieser Metamorphose wurde unter der Chiffre »metrosexuell« ver- oder besser: gehandelt. Der Begriff entstand als ein Wortspiel aus den englischen Begriffen »metropolitan« und »heterosexual«. Dahinter verbarg sich ein angeblich zu Beginn des 21. Jahrhunderts zur Massenerscheinung gewordener sogenannter Lifestyle unter großstädtischen, beruflich erfolgreichen Männern in der westlichen Welt. Es ist in diesem Zusammenhang übrigens unwichtig, ob solche Trends tatsächlich die Realität oder bloß Wunschwelten widerspiegeln, denn die Existenz von Wünschen über den Zustand einer Gesellschaft innerhalb meinungsprägender Kreise ist bereits Symptom genug.

Als bekanntester Vertreter des Metrosexuellen geisterte der englische Fußballer David Beckham durch die Medien, der eigenem Bekunden zufolge gelegentlich die Unterwäsche seiner Frau trug, viel Zeit bei der Kosmetik verbrachte, auf dem Platz mit stets neuen Frisuren und famoser Ballbehandlung glänzte, aber niemals ein Kämpfer- oder Leitwolftyp war, der auch mal ein Spiel herumreißen konnte. Die Beckhamisierung des Fußballs schreitet insofern bis heute fort, als auch hier die prägnanten, eckigen, aufmüpfigen, aggressiven Spieler vom Schlage eines Cantona, Gascoigne, Effenberg oder Gattuso allmählich verschwinden und von adretten, sympathischen, Castingshow-tauglichen Buben abgelöst werden, die sich außerhalb des Spielfeldes kaum voneinander unterscheiden. Das ist bezeichnend, weil gerade der Fußball eines der letzten Männlichkeitsrefugien darstellt, denn er imitiert die kollektive Jagd von ehedem (von den Kampfsportarten unterscheidet ihn, dass der Typus Beckham dort bislang eher noch nicht aufgetaucht ist).

Als »Metrosexueller« war der Mann also nurmehr noch ein androgynes Bürschchen mit Interesse an Kosmetik, Mode, Design, Gastronomie und, womöglich, sogar (moderner) Kunst. Im Grunde ging es darum, die angeblichen Vorzüge des homosexuellen Mannes, vor allem dessen Sinn für Ästhetik und für Frauenthemen, auf den heterosexuellen Mann zu übertragen. Es handelte sich bei diesem neuen Zurichtungstyp um wenig mehr als einen zeitgemäß aufgepeppten »Softie«. Der Mann bekam von den Trendausrufern die Aufgabe zugewiesen, sich auf diese Weise wieder für das andere Geschlecht interessant zu machen. Nicht »metrosexuell« zu sein hieß, ungepflegt und unattraktiv zu sein. Summarisch lässt sich festhalten, dass das Verhältnis des Mannes zu seinen Waffen und Werkzeugen in dem Maße abgenommen hat, wie das zu seinen Körpercremes und Lotionen zunahm.

In den Medien und speziell in Frauenzeitschriften wird inzwischen freilich beklagt, dass die Männer von heute keine *echten Kerle* mehr seien. Meinungsumfragen bestätigen regelmäßig die sanfte Schizophrenie zwischen den natürlichen Instinkten der Frau und ihren von denselben Medien und von Frauenbeauftragten vorgekauten angeblichen Wünschen. Theoretisch finden viele Frauen einen Partner, der Erziehungsurlaub nimmt und Hausarbeit erledigt, zwar sympathisch, aber immer meint eine deutlich größere Anzahl, dies passe eigentlich nicht zu einem *richtigen Mann*. Ein Hausmann macht die Mädels, die statt seiner von der Jagd heimkommen, nicht mehr wirklich an – von *seinen* mutmaßlichen Erektionsproblemen gar nicht zu reden. Wie vor tausend Jahren bevorzugen Frauen überlegene Männer. Die Tatsache, dass sowohl Männer als auch Frauen einen Beruf nur für bedeutend halten, sofern er von Männern ausgeübt wird, wie unter anderen die berühmte Anthropologin Margaret Mead festhielt, hat die Sphäre der Hausarbeit noch nicht erfasst. Vor die freie Wahl zwischen einem verständnisvollen »metrosexuellen« Softie und dessen äußerlich unattraktivem, aber dominanten Chef gestellt, wüssten die meisten Frauen sehr genau Träumerei und Realität zu trennen. Ich fragte einmal auf einer Party eine Schönheit aus der Liga weiblicher Millionärstrophäen, welcher Mann im Saal ihr am besten gefalle, und sie nannte ohne Zögern und mit einem fast boshaften Auflachen das zwar in die Jahre gekommene, aber allen anderen Anwesenden vorgesetzte Alphamännchen. Männlichkeit in höchster Potenz ist, den anderen befehlen zu können. »Commandare è meglio che fottere« (»Befehlen ist schöner als Vögeln«), lautet ein italienisches Sprichwort, wenngleich beides denn doch eher zusammengehört.

Mit anderen Worten: Männer in Elternzeit haben selten Frauen, auf die andere Männer scharf sind. Man kann dies auch gut am Partnerwahlverhalten von sogenannten Alphafrauen studieren, die sich fast ohne Ausnahme *nach oben* paaren beziehungsweise zu paaren versuchen, denn je höher sie steigen, desto weniger Kandidaten finden sie. Dasselbe gilt für Sportlerinnen, die sich über ihren Körper erfolgreich vermännlicht haben: Wie selbstverständlich wählen viele von ihnen trotzdem Partner, die ihnen physisch überlegen sind, also ebenfalls Sportler. Sexualität ist ohne eine gewisse Dominanz eben langweilig bis undurchführbar. Diese Dominanz lässt sich zwar auch mal umdrehen, doch letztlich hat der huldvolle Anschieber der Evolution sie dem Manne zugestanden, weshalb sie auch den *Dominus*, den Herren, in ihrem Wortstamm trägt. Wer diese Ordnung der Dinge zerstört, hat auf Dauer schlechten Sex – bekanntlich das Schlimmste, was dem modernen Menschen passieren kann –, oder eben gar keinen.

»Die Zahl asexueller Männer steigt beständig an«, notierte der Männerforscher Walter Hollstein anno 2008, mehr als sechs Millionen Penisse seien hierzulande inzwischen vor der Zeit dauerhaft erschlafft. Mit der Titelzeile »Das schlappe Geschlecht« reagierte das Frauenfachmagazin »Cosmopolitan« im selben Jahr auf eine Studie des

Hamburger Institutes für Männergesundheit, das 10000 Männer nach ihrem Liebesleben gefragt und ein drastisch abflauendes Kopulationsbedürfnis konstatiert hatte. Auf die Frage »Wie oft haben Sie Sex?« wurde in einer ähnlichen Erhebung Anfang der 80er-Jahre noch »22 bis 28mal pro Monat« geantwortet oder geflunkert, heuer bekannten die Unter-30-Jährigen, nur noch vier- bis zehnmal zum Zuge zu kommen, in der Altersgruppe zwischen 31 und 40 Jahren reichte es dann nur für drei- bis sechs Sexkontakte, die Vierziger begnügen sich mit zwei- bis dreimal Extremkuscheln im Monat.

Bereits eine Dekade zuvor hatte der »Spiegel« den »Niedergang der Männer in eine domestizierte Existenz« beschworen. Ein Therapeut wurde mit den Worten zitiert, man könne sie inzwischen grob in drei Gruppen einteilen: »Ein Drittel ist mehr oder weniger schwul, ein Drittel ist impotent, und ein Drittel hat keine Lust mehr, sich mit Frauen einzulassen«, eine »gereifte 50jährige, die vor vielen Jahren im Frankfurter Weiberrat aktiv war«, mit dem Satz: »Früher gab es Männer, heute nur noch Schlappschwänze«, und die Autorin Erika Jong wiederum mit der Feststellung, es wäre auch der modernen Frau »lieber, ein Rhett Butler schleift sie die Treppe hoch, statt daß er die Treppe putzt«. Jeder Mann, der sich an seine letzte Erektion kaum noch erinnern könne, wisse genau, so der Artikel, dass die militanten Weiber an seinem Elend schuld seien. »Warum geben sich Frauen mit Männern ab?«, schließt die Elendsbilanz.

Ohnehin hat das männliche Genital außerhalb des Pornobetriebs erheblich an Renommee eingebüßt beziehungsweise dasselbe huldvoll an die Vulva abgetreten. So gilt ein Mann, der in einer wie auch immer gearteten Öffentlichkeit seinen Penis präsentiert, korrekterweise als nicht ganz richtig im Kopf, eine Frau indes als mutig – spätestens wenn sie dies Schamweisen als Kunst verkauft. »Jeder zweite weibliche Performancestudent glaubt sich, bei Gelegenheit seiner künstlerischen Arbeitsproben, nackt zeigen zu müssen. Jeder fünfte präsentiert dabei ganz ostentativ die Vagina«, beschreibt der Schriftsteller und bildende Künstler Thomas Kapielski seine einschlägigen Erfahrungen. Als im umgekehrten Fall einmal ein »besoffener Künstler, ziemlich berühmt«, auf die Idee kam, dem versammelten Publikum sein Gemächt zu präsentieren, wurde er, so Kapielski, »fast gelyncht und aus der Galerie geschmissen«. Fazit: »Nicht die Vagina, der Penis bleibt mut- und rechtlos.« Die Vagina hält durch den Mund von Miminnen wie u. a. Iris Berben allseits akklamierte »Monologe«, der Penis dagegen ist vulgär, aufdringlich und aggressiv. Courbets berühmtes Vulva-Gemälde »L'Origine du monde« von 1866, das über hundert Jahre nicht ausgestellt werden konnte, ist heute das politisch korrekteste Bild der Welt (wenn man davon absieht, dass es zu meisterlich gemalt ist und den Gegenwartskünstler diskriminiert). Männecken Piss dagegen wird sich bald hinhocken müssen. Es handelt sich um eine Art Wachablösung, auf deren weitere Folgen man gespannt sein darf.

Männer müssten heute eigentlich permanent auf die Delegitimation der Männlichkeit reagieren, doch wenig dergleichen geschieht. Es ist auffällig, dass sich kaum Widerstand gegen die Frauenbevorzugung regt. Dafür gibt es zwei

Gründe: die ganz normale Feigheit der Opportunisten gegenüber der herrschenden Ideologie auf der einen sowie die bereits erwähnte Restritterlichkeit auf der anderen Seite. »Die Feministen sind lächerlich; die Anti-Feministen sind vulgär«, brachte es der Aphoristiker Nicolás Gómez Dávila auf den Punkt.

Das Grundpostulat des regierungsoffiziellen und EU-geförderten sogenannten Gender-Mainstreaming lautet, dass Männer und Frauen theoretisch das Gleiche können. Da die Realität ständig das Gegenteil praktisch vor Augen führt, vom Sport bis zur Mathematik, müsste die Gleichbefähigung als sozial erwünschte Lüge mit Gewalt durchgesetzt werden. Wie das funktioniert, erfuhr in Gestalt von Harvard-Präsident Larry Summers immerhin der Chef der renommiertesten Universität der Welt: Summers verlor 2006 seinen Job, weil er eine unterschiedliche Befähigung der Geschlechter in den Naturwissenschaften auch nur in Erwägung zog, wobei gegen diesen empiriegesättigten Verdacht ausschließlich emotionale Argumente vorgebracht wurden. Eine Professorin etwa erklärte, ihr sei ganz schlecht geworden, als sie von Summers Äußerung erfahren habe; so klingt es im Allgemeinen, wenn endlich »sozial kompetent« argumentiert wird.

In Deutschland wurde Gender-Mainstreaming 1999 von der Regierung Schröder/Fischer per Kabinettsbeschluss – also am Parlament vorbei – eingeführt und umstandslos den Frauenabteilungen der entsprechenden Ministerien zugeschlagen. Allein der Begriff »Gleichstellungsdurchsetzungsgesetz« hätte aufhorchen lassen müssen. Dessen zweiter Satz erläutert, worum es geht: »Nach Maßgabe dieses Gesetzes werden Frauen gefördert, um bestehende Benachteiligungen abzubauen.« Freilich verhält sich Gender-Mainstreaming zum Gender-Theorem an sich allenfalls wie eine linke Staatspartei zur kommunistischen Weltbewegung. Gender will mehr, quasi den neuen Menschen schaffen. Der Begriff soll das soziale oder psychologische Geschlecht einer Person im Unterschied zu ihrem biologischen Geschlecht (Sex) beschreiben. Aus der Allerweltstatsache, dass es Geschlechterrollen gibt, ist unter der Hand die These geworden, Geschlecht sei eine Rolle. Männlichkeit und Weiblichkeit erscheinen so als von der Gesellschaft konstruiert, klassisch formuliert in der Sentenz der Frühfeministin Simone de Beauvoir, man werde nicht als Frau geboren, sondern zur Frau gemacht.

Den Begriff Gender prägte 1955 der US-amerikanische Arzt John Money. Er hatte beweisen wollen, dass Geschlecht im Grunde disponibel sei und eine Geschlechtsumwandlung an einem jungen Mann vorgenommen, die diesen letztlich in den Selbstmord trieb. Damit war zugleich angedeutet, wohin die Reise gehen soll: Gender ist ein Aufstand gegen die Natur, ein Angriff auf den heterosexuellen Mann im Speziellen und die Zweigestaltigkeit der menschlichen Spezies an sich. Meisterinnendenkerin der Gender-Theorie ist die US-amerikanische Philosophin Judith Butler. Frau (!) Butler, wie viele aus diesem Theoriemilieu homosexuell und kinderlos, vertritt die Ansicht, Gender und Sex ließen sich nicht trennen und die Geschlechterdifferenz sei »keine Tatsache«. (O-Ton Butler: »Ich werde nicht einmal die Gründe dafür aufzählen, warum meiner Meinung nach dieser theoretische Rahmen oder, je nach Einstellung, diese ›Realität‹ es nicht wert ist, weitergeführt zu werden.«) Sie klagt über »Zwangs-heterosexualität« und die »biologisch enge Vorstellung von Fortpflanzung als dem sozialen Schicksal der Frauen«. Während sie »eine heterosexuelle Melancholie« entdeckt hat, die aus der »Ablehnung homosexueller Zuneigung« herrührt, scheint sich ihr jene weit häufigere Melancholie, die sich auf die Züge der kinderlos gebliebenen Endvierzigerin malt, eher nicht zu erschließen.

Auf derselben Linie, wenngleich intellektuell anderthalb Stufen tiefer, agiert Thomas Krüger, SPD-Mann (bzw. -Gender) und Präsident der Bundeszentrale für politische Bildung, die Ende Oktober 2010 einen Kongress unter dem Motto »Das flexible Geschlecht« abhielt. In der Eröffnungs-rede forderte Krüger den »Verzicht auf Privilegien wie die klassische Ernährer-Ehe, an der sich immer noch steuerliche Privilegien festmachen«. Zugleich lobte er die ungezwun-gene Abtreibungspraxis in der DDR und würdigte den all-morgendlichen Massenaustrieb der DDR-Frauen in die Aufenthaltsräume nutzloser Betriebe als »beinahe Vollbe-schäftigung«. Der Westen hingegen, so Krüger, »leistete sich Hausfrauen«. Seit 1995 sei Abtreibung nun »zwar straf-frei, aber rechtswidrig und gesellschaftlich weiterhin geäch-tet und heiß umstritten«, monierte der Chef der auf weltan-schauliche Neutralität halbwegs verpflichteten Behörde. Bei der Emanzipation des Embryos hört die Emanzipation auf. Am Rande: Ein Volk, das zigtausende Ungeborene im Kampf um seinen Luxus als Konkurrenten betrachtet und beseitigt, zugleich aber zigtausende Fremde ins Land holt oder lässt, auf dass sie irgendwie die Renten sichern, ist mit dem Begriff *dekadent* sicherlich ganz adäquat beschrieben.

»Doing Gender« ist die logische Konsequenz linken Denkens, das seit 200 Jahren hinter jeder benachteiligten Gruppe eine neue entdeckt. Nach der Emanzipation des dritten Standes, des Proletariats, der Dritten Welt, der Frauen und der Migranten steht nunmehr die Emanzipation jedweder sexuellen Neigung samt Abschaffung der vermeintlich repressiven Geschlechterrollen auf dem Programm. Nahezu von Anfang an und mit bemerkenswerter Konstanz rangiert die bürgerliche Familie als Sozialuterus des adamitischen Horrors an der Spitze zu bekämpfender »Zwangsstrukturen«, die selbstverständlich von Männern und Vätern zu verantworten sind. Kinder wiederum spielen im Gender-Diskurs ungefähr eine solche Rolle wie die Verhütung im katholischen. Wer die Begriffe Frau und Mutter zu eng zusammenbringt, ist des Teufels, wie hierzulande etwa die TV-Moderatorin Eva Herman erfahren durfte. In einer von der Schweizer Nationalrätin Doris Stump initiierten Beschlussvorlage des Europarats heißt es, Frauen dürften in den Medien nicht mehr »als passive und minderwertige Wesen, Mütter oder Sexualobjekte« dargestellt werden (wobei ihr selber dieses Schicksal in den Punkten drei und vier kaum drohen dürfte). Die Begriffe *Mutter* und *minderwertig* in einem Atemzug – das dürfte so ziemlich das *Frauenfeindlichste* sein, was ich in meinem Leben gelesen habe. Gender-Mainstreaming ist ein Angriff gegen die natürliche Ordnung der Dinge, wie er noch nie stattgefunden hat. Sich als Mann nicht dagegen zu wehren, wäre Beihilfe zur Selbstabschaffung, sich dagegen zu wehren – unmännlich.

Der abendländische Mann hat die Dame erfunden, die anbetungswürdige Frau, auf deren Capricen stets Rücksicht zu nehmen und die über jeden Stein zu tragen seine heilige Pflicht ist beziehungsweise war. Vermutlich lässt sich die Entstehung des Feminismus ohne dieses Phänomen gar nicht erklären. Der Philosoph Arthur Schopenhauer erklärte die westliche Frauenverehrung, über welche ganz Asien lache (und Arabien und Afrika sowieso), zu einer Verrücktheit, die einzig der sexuellen Vernebelung des männlichen Verstands zuzuschreiben sei. Schopenhauers grimmiger Spott kommt einem in den Sinn angesichts der Tatsache, dass sich analog zum Feminismus in den letzten Jahren eine Männerrechtsbewegung gebildet, wenn auch noch nicht etabliert hat, die gegen die männerfeindlichen Auswüchse der Frauenemanzipation kämpft, zum Beispiel die Privilegierung von Frauen in der Bildungspolitik, im Sorgerecht, in der medizinischen Forschung und vor Gericht.

In zivilisierten Weltgegenden galt lange der unausgesprochene Gesellschaftsvertrag, dass Männer für ihre Privilegien auf der einen Seite mit Nachteilen auf der anderen zahlen – und Frauen desgleichen. Dieses Verhältnis ist einseitig aufgekündigt worden. Nun fordern sogenannte Maskulinisten, dass Frauen, wenn sie tatsächlich gleichgestellt werden wollen, auch die Nachteile männlichen Daseins in Kauf nehmen müssen – keine schönen Aussichten für das gesellschaftliche Klima und vor allem für die Sitten. Die Gleichstellung ist eine Utopie, und keine sehr schöne. Wenn es tatsächlich einmal so weit ist, dass Männer fordern, Frauen sollten die Hälfte der Plätze in den Rettungsbooten freimachen und die Hälfte der Arbeitsunfälle auf sich nehmen, wäre die Entzauberung der Welt vollendet. Dass die Frau in Beruf und Alltag zur Konkurrentin wird, die den Mann zwingt, sein Idealisieren aufzugeben: Diese Pointe hätte Schopenhauer bestimmt gefallen. Doch sie gehört zur Verfallsgeschichte der Männlichkeit.

In diesem Sinne handelt es sich bei den Männerrechtlern um eine weitere Schwundstufe des westlichen Mannes. Es gibt kein maskulines Recht auf Selbstmitleid. Wer die üblichen Opfer nicht bringen will, mag ein moderner Mensch sein, ein Mann ist er nicht mehr. Die einzig akzeptable Siegfried-Stelle des Mannes sind seine Kinder. Der oft böse Furor des Maskulinismus, dies sei hier zu seinen Gunsten nachdrücklich festgehalten, hat darin wohl seine Hauptursache. Wenn die juristisch und gesellschaftsklimatisch privilegierte Mutter dem Vater seine Kinder entzieht und entfremdet, ist dies eine seelische Quälerei sondergleichen, vor allem auch der Kinder, gegen die im Grunde jedes Mittel recht ist.

Der Zeitgeist ist weiblich, das heißt korrekt formuliert: Seine Produzenten liegen den Frauen zu Füßen. Sie tun dies auf zweierlei Art. Zum einen propagieren sie, dass typisch weiblichen Eigenschaften – sie firmieren unter dem Oberbegriff »soziale Intelligenz« – die Zukunft gehöre, während typisch männliche – hier heißen die Oberbegriffe Aggression und Konkurrenz – nicht nur abgewirtschaftet hätten, sondern durch den Zerstörungsgrad des Planeten geradezu widerlegt seien. Zum anderen erwecken sie den Eindruck, dass Frauen *die letzten Männerbastionen erobern*. »Die Zukunft ist weiblich«, steht sogar auf einer Gedenkmünze, die von der Bundesregierung zur Frauenfußball-Weltmeisterschaft 2011 aufgelegt wurde, was übrigens, sofern es nur den Fußball meint, besonders drollig wäre, denn man mag mit politischem Druck zwar Aufsichtsratsposten weiblich besetzt bekommen, aber nimmermehr Stadien gefüllt, in denen Fußballerinas Einsteins Theorie dementieren, dass die Zeit sich nur bei besonders hoher Geschwindigkeit bedenklich zu dehnen beginnt.

Frauen können heutzutage bekanntermaßen auch Soldatinnen oder evangelische Bischöfinnen werden, und sogar ein Herrenverein wie die Wiener Philharmoniker muss längst weibliche Mitglieder akzeptieren. Die katholische Kirche diskriminiert Frauen angeblich, indem sie ihnen das Priesteramt versagt; allerdings steht das schon seit dem Apostel Paulus in ihren Satzungen. Distinktion ist keine hervorstechende Eigenschaft von Emanzipationskollektiven; man wird allerdings fragen dürfen, warum die emanzipationsversessenen Holden nicht eine eigene Kirche gründen, eine männerfreie Armee aufstellen oder als reine Frauenorchester die Musik genialer Männer spielen. Die Antwort ist ja von köstlicher Simplizität.

Die U-Boot-Kommandantin oder Kapitänin oder Jetpilotin sind – medial vervielfältigte – Ausnahmen, und die TV-Kommissarinnen täuschen einen Zustand vor, der in der Realität so nicht existiert. Eine Soldatin etwa wird sich nie den Anforderungen ausgesetzt sehen, die man ihren männlichen Kameraden auferlegt, weil sie sie nicht erfüllen könnte. Die Vorfälle auf dem Übungsschiff »Gorch Fock« sollten als Hinweis genügen. Medienkommentaren zufolge stellte der Tod einer Kadettin den Sinn des ganzen Segelschulschiffs in Zweifel – die politische Korrektheit verbot die Erwägung, ob vielleicht bloß den von Kadettinnen. Ein deutscher General a. D. erklärte auf die Frage, ob in der von ihm einstmals geführten Elite-Einheit Frauen dienen dürften und wie man dann mit dem Problem der sexuellen Belästigung fertig werde, dass noch nie ein weiblicher Rekrut die für den Eignungstest nötigen körperlichen Voraussetzungen mitgebracht habe; sollte aber einmal eine solch wonnige Maid auftauchen, dann hege er keinerlei Bedenken, dass sie bei ihren männlichen Kameraden noch irgendwelche sexuellen Begierden auslösen könne.

Kriegerische Frauen gehören eher in die Gefilde der Legende, auch wenn sie neuerdings regelmäßig in Filmen und Computerspielen auftauchen, um auch in diesem Sektor weibliche Emanzipiertheit unter Beweis zu stellen. Dass niemand lacht, hat mit dem Aussterben der Männer zu tun; schwer vorstellbar, dass Kampfszenen mit Angelina Jolie am Hof der Burgunder nicht große Heiterkeit ausgelöst hätten. Amazonen hat es nie gegeben, »Flintenweiber« waren große Ausnahmen in der Historie. Das einzige Frauenbataillon der gesamten Weltgeschichte stellten die Russen im Ersten Weltkrieg auf, und ehe es jemals die Front erreichte, waren fast alle Soldatinnen desertiert (ohne Konsequenzen für sie übrigens, während männliche Deserteure immer und überall vor ein Kriegsgericht gestellt oder sofort erschossen werden). Dass Frauen heute im Militär des Westens auftauchen, hängt damit zusammen, dass diese Armeen bei den heutigen Kampfhandlungen schlechterdings nicht mehr gebraucht werden. Auch die gern als Emanzipationsbeispiel herbeizitierte israelische Armee hat seit fast vierzig Jahren keinen ernsthaften Krieg mehr geführt.

Wie geschlechterpolitische Korrektheit gleichwohl ausschaut, zeigt das Vietnamkriegs-Memorial in Washington.

Nach feministischen Protesten wurde neben dem Denkmal für die gefallenen amerikanischen Soldaten (ca. 58 000) auch eines für die in diesem Krieg getöteten Amerikanerinnen (8) errichtet. Jetzt stehen dort insgesamt die Skulpturen von vier Männern und drei Frauen. Für jede weibliche Tote wurde zudem ein Baum gepflanzt – ein symbolischer Akt, auf welchen man, sicherlich aus Platzgründen, bei den männlichen Gefallenen verzichtete.

Es ist eine Binse der Intelligenzforschung, dass die Extreme männlich sind. Sowohl die Genies als auch die Idioten sind also eher männlich. Mit einer gewissen Folgerichtigkeit findet man deshalb sowohl an der Spitze als auch am Ende der Gesellschaft überwiegend Männer. In deutschen Sonderschulen stellen Jungen 60 Prozent der Belegschaft, auf den Gymnasien aber nur 43 Prozent. Es gibt fast doppelt so viele männliche wie weibliche Schulabbrecher. Männer befinden sich nicht nur in den Führungspositionen in der absoluten Mehrzahl, sondern auch in den Hilfsarbeiterjobs, Obdachlosenheimen, Gefängnissen und Sicherheitsverwahranstalten. »Serien- oder Sexualmorde sind, wie Fetischismus, Perversionen der männlichen Intelligenz, kriminelle Abirrungen der Männlichkeit in geistesgestörter, egoistischer Planmäßigkeit«, erläutert die amerikanische Kulturhistorikerin Camille Paglia. »Es handelt sich um das asoziale Äquivalent von Philosophie, Mathematik und Musik. Es gibt keinen weiblichen Mozart, weil es keinen weiblichen Jack the Ripper gibt.«

Wer indes glaubt, dass mit Frauen in Machtpositionen der ewige Frieden ausbricht, sollte zum einen ein wenig die

Geschichte studieren und sich zum anderen ein paar Firmen mit weiblichen Chefs ansehen. Zwei große EU-Studien über die Arbeitszufriedenheit innerhalb der Gemeinschaft förderten das wenig überraschende Ergebnis zutage, dass für eine Frau die Wahrscheinlichkeit, gemobbt zu werden, unter einem weiblichen Vorgesetzten um circa 100 Prozent steigt. Die Studien wurden 2007 und 2009 veröffentlicht, aber in keiner deutschen Zeitung zitiert; die Autoren erklärten überdies, man werde dem Phänomen nicht weiter nachgehen. Noch Fragen?

Es ist allerdings nicht die Mission dieses Buchs, den Märchen- und Sagenschatz des Feminismus zu untersuchen, sondern allenfalls zu konstatieren, dass aus ihm eine neue Staatsreligion der Bundesrepublik konstruiert worden ist, deren von Schrumpfmännern hofierte Pastorinnen sich mit solide gefüllten Klingelbeuteln und diskursiven Exkommunikationsvorschlagsbefugnissen recht kommod durchs Leben gaunern. Die Stichhaltigkeit des Feminismus ist für unser Thema nicht sonderlich wichtig; es genügt, dass seine intellektuellen Lautsprecher unwidersprochen behaupten können, Männlichkeit sei, wie Weiblichkeit auch, ein »soziales Konstrukt«, was in der aktuellen geistigen Situation darauf hinausläuft, Männlichkeit weiter zu entwerten, damit Frauen aufsteigen können. Gender-Hauptströmerinnen übersehen freilich mit Vorsatz, dass sich nur etwas Vorhandenes trainieren und emporzüchten lässt – und etwas Nichtvorhandenes eben nicht. Die Männlichkeit der römischen Legionäre war so wenig konstruiert wie jene des preußischen Offizierskorps. Statt von konstruierter sollte also sinnvollerweise von konditionierter Männlichkeit gesprochen werden, wobei diese Konditionierung über die meiste Zeit der Gattungsgeschichte von der Natur und keineswegs von der Gesellschaft vorgenommen wurde und dem Schutz der reproduktiv wertvolleren Weibchen diente.

Auch unter den Bedingungen des westlichen demokratischen Wohlfahrtsstaates bleibt die Biologie ein elementarer Teil unseres Schicksals. Daran wird die (natürlich wieder von Männern bewerkstelligte) Revolution der menschlichen Fortpflanzungsmöglichkeiten nicht rütteln, die den alten Radikalfeministinnentraum vom überflüssigen Adam in greifbare Nähe rückt – theoretisch. Praktisch darf davon ausgegangen werden, dass eine Menschengattung ohne den Gegensatz der zwei Geschlechter quasi aus der Evolution ausstiege und in Regression verfiele, so wie der gesamte Weg der Gattung vom hilflosen nackten Savannenaffen zum Beherrscher des Planeten wesentlich mit der Zweigeschlechtigkeit verknüpft gewesen ist. Dieser sogenannte Dimorphismus war als evolutionäres Modell überaus erfolgreich, wie man unter anderem am vergleichsweise miserablen Abschneiden der Knosper und Selbstbefruchter erkennen mag. Dass Frauen Männern und Männer Frauen gefallen wollen, Erstere vor allem durch Schönheit, Letztere vor allem durch Erfolge, ist die Ursache dafür, dass dieser Planet heute so aussieht, wie er aussieht, im Guten wie im Schlechten. Die zwei Geschlechter in ihrer Wechselbeziehung haben sich zu immer neuen Spitzenleistungen angeregt. Die Vorherrschaft dominanter, viriler, erfindungsreicher Männer hat sehr viel damit zu tun, dass gesunde und schöne Frauen solche Männer bei der Partnerwahl bevorzugten. Andererseits sind nahezu alle Werke der Kunst und der Architektur Produkte des männlichen Eros, auch wenn die meisten Männer das ästhetische Empfinden von Ochsen haben. Sogar ein Wunderwerk wie die weibliche Brust verdankt seine Existenz dem Paarungswettrüsten der Geschlechter, sie blühte quasi über Jahrhunderttausende unter dem männlichen Blick zu jener Pracht und Wohlgeformtheit auf, die fast schon wieder ein Gottesbeweis ist. Last not least hätte sich das menschliche Gehirn ohne die biologische Zweiheit der Geschlechter niemals so weit entwickelt, dass es sogar Theorien wie jene ersinnen konnte, diese Zweiheit sei ein »soziales Konstrukt«.

Gewiss, der Gender-Kokolores ist kein besonders gutes Beispiel für den evolutionären Höhenflug des menschlichen Geistes – um ein solches zu finden, muss man sich einstweilen und fürs Erste besser noch in den vorwiegend von Männern praktizierten harten Wissenschaften oder in den Texten der Philosophen umsehen. Doch immerhin existieren Professorinnenstellen für diesen soziologischen Okkultismus, wo kinderlose Akademikerinnen an der intellektuellen Demontage des Mannes arbeiten und früher oder später auch dem Achilleus unterbreiten werden, seine Männlichkeit sei bloß »soziokulturell konstruiert« gewesen. Dass der westliche Mann, speziell an den Universitäten und im parteipolitischen Betrieb, sich dieses Ressentiment als Theorie verkaufen lässt, beiseitetritt, Beifall spendet und dafür Geld locker macht, darf ganz nach Gusto als Schwächesymptom oder Dressurerfolg interpretiert werden. Jedenfalls gibt es, wo Gender waltet, keine Männer.

Es wird für das maskuline Selbstverständnis gleichwohl nicht folgenlos bleiben, wenn Männer in Familien nicht mehr zwingend vorkommen müssen, wenn Frauen ohne

Männer oder lesbische Paare per anonymer Samenspende Kinder bekommen und aufziehen können oder dermaleinst ganz ohne männliche Beteiligung Klonkinder zeugen, wobei über die psychischen Folgen für den Nachwuchs hier nicht spekuliert werden soll. Zuletzt wird dieser ganze Unfug wohl nicht die relative Überflüssigkeit, sondern die absolute Unentbehrlichkeit des Mannes demonstrieren (und deshalb ist sogar die Frage nach den psychischen Folgen für die Kinder einstweilen tabu).

Ein Ähnliches gälte vermutlich für die Bewirtschaftung der Technosphäre: Frauen allein wären wohl nicht einmal imstande, sie auch nur auf dem momentanen Niveau ihres Funktionierens zu halten, geschweige denn, sie irgendwohin zu entwickeln.

Fassen wir also zusammen: Das, was Feministinnen die Befreiung der Frau nennen, also jene aus heterosexueller Zwangsfamilie, Hausarbeit und Mutterschaft ins Berufsleben und ins Singleappartement, wurde von Männern bewerkstelligt, so wie die Überflüssigmachung des körperlich arbeitenden Mannes ebenfalls ein Werk von Männern war. Dass hier bloß eine männliche Minderheit in Rede steht, also die kleine Schar von Denkern, Erfindern und Technikern, deren teils segensreiches, teils fluchwürdiges Werk der Techno- oder Noosphäre ihre heutige Gestalt gab, ändert nichts am Sachverhalt ihrer nahezu ausschließlichen Maskulinität. Diese Sphäre umgibt den Planeten, speziell aber die westliche Welt, wie ein sicherer Kokon.

Nur im Schutz dieses Kokons konnte sich die moderne Frau emanzipieren, nur in seinem Schutz konnte sich der Feminismus etablieren. Die Dächer, unter denen Frau jammern oder anklagen oder fröhlich sind, stellen immer noch Männer auf.

Aber immer mehr Männer verlieren die Fähigkeit dazu.

Ich sollte Alice Schwarzer zuweilen nahezu dankbar sein für die Unverblümtheit, mit der sie meine Albträume als ihre Träume verkauft. Darum seien hier aus einem Schwarzerschen Nachtmahr, offenbart in der »Neuen Zürcher Zeitung«, zwei Passagen leicht gekürzt zitiert:

»Ich habe einen Traum. Ich bin eine junge Frau. Mein Leben liegt vor mir. Ich werde einen Beruf ergreifen. Einen, für den ich geeignet bin und der sinnvoll ist und Spaß macht. Vielleicht verliebe ich mich eines Tages. Dabei wird nicht das Geschlecht ausschlaggebend sein, sondern Ausstrahlung und Persönlichkeit. Es wird mein Leben nicht verändern, aber bereichern. Vielleicht bekomme ich ein Kind. Sollten wir zu zweit sein, werden wir beide Eltern sein und alles teilen. Das ist machbar, denn wir leben in einer Gesellschaft, die uns darin unterstützt. Vielleicht aber werde ich auch kein Kind haben. Für mein Selbstverständnis oder mein Lebensglück spielt das eine so geringe oder so große Rolle wie für einen Mann. Ich bin eine Frau. Doch das ist eigentlich egal.«

Wo sie recht hat, hat sie zweifellos recht, aber hier nun ihre Perspektiv-Umkehr: »Ich habe einen Traum. Ich bin ein Mann. Meine Mutter ist eine unabhängige, stolze Frau und mein Vater ein sensibler, fürsorglicher Mann. Geld und Macht sind für mich keine Ziele an sich, sondern Mittel zum Zweck. Ich hasse es, jemanden zu demütigen – oder gedemütigt zu werden. Ich verachte Gewalt. Nicht Ungleichheit, sondern Gleichheit zieht mich an. Frauen sind mir so fremd – oder vertraut – wie Männer. Ich mache da keinen Unterschied. Dass ich biologisch männlich bin, ist eigentlich nebensächlich. Denn ich lebe in einer Zeit, in der Menschen nicht nach Frauen und Männern unterscheiden werden, so wenig wie nach Weißen und Schwarzen oder Dünnen und Dicken. Ich bin ein Mensch.«

Es steckt ein enormer existenzieller Unernst in dieser Tirade, der etwas irre Glaube, man könne als Seefahrer dem Meer irgendwelche Bedingungen diktieren und habe ein Recht auf Poseidons Segen. Vielleicht hat Fräulein Schwarzer sich auch feixend auf die welken Schenkel geklopft beim Verzapfen dieses Heile-Welt-Kitsches. Neben solcher Daseinsüberzuckerungsprosa gerät jede Kriegspropaganda zur Erbauungslektüre. Wobei es sich natürlich ebenfalls um eine Art Kriegspropaganda handelt. Denn was geschähe in Alices Schöner Neuer Welt – einmal ignoriert, dass sie in zwei, drei Generationen hoch verschuldet, aber nahezu entvölkert wäre – mit denjenigen, die nicht daran teilhaben wollen? Angesichts der Binsenwahrheit, dass Tugenden nicht zu haben sind ohne Untugenden, also auch männliche Tugenden nicht ohne männliche Untugenden, würde es auf eine Eliminierung all dessen, was jahrtausendelang männlich war, hinauslaufen, inklusive derjenigen Frauen, die am Boxring in der ersten Reihe sitzen, sich gern von Männern aushalten lassen und lieber Mütter als Lohnarbeiterinnen sind. In bestrickender Deutlichkeit hat dies die einstige UN-Sonderbotschafterin Waris Dirie in ihrem Buch »Wüstenblume« ausgesprochen: »Vielleicht sollten die Frauen den Männern die Eier abschneiden, damit auf der Erde wieder ein Paradies entstehen kann. Die Männer würden ruhiger werden und sensibler mit ihrer Umwelt umgehen. Ohne diesen ständigen Ausstoß von Testosteron gäbe es keinen Krieg, kein Töten, kein Rauben, keine Vergewaltigungen.«

Wie sich die Angelegenheit von der anderen Seite ausnähme, darüber hat wiederum Martin van Creveld sinniert: »Man stelle sich eine Welt vor, in der jedem Neugeborenen eine Kapsel implantiert wird, die ihm ein Leben lang Psychopharmaka injiziert, sobald sein Pegel an Aggressionshormonen steigt. Gleichzeitig würde das Implantat jedes Mal einen Bericht an einen Zentralcomputer im Innenministerium senden, damit man dort informiert ist und die Methoden der Gefühlskontrolle weiter verbessern kann. Eine furchtbare Vision, doch für manche Menschen, Kriminelle und Geisteskranke, wird sie bereits Realität. Und ich befürchte, in einigen Jahrzehnten wird auch der Rest von uns an der Reihe sein.« Zwar werde niemand, der bei Verstand sei, bezweifeln, dass Krieg eine schreckliche Sache sei, doch »eine Welt ohne Krieg – die nur so entstehen kann, wie ich es eben skizziert habe – wäre bei Weitem noch schlimmer. Umso mehr, als auch noch weitere Emotionen unterdrückt werden müssten – wie die Neugierde, die Abenteuerlust, die Lust am Spiel und das Verlangen des Menschen, sich selbst zu erproben.« Eine Welt ohne ständige Kämpfe, so van Creveld, sei »nur um den Preis zu haben, dass die Menschheit sich in eine Zombie-Rasse verwandelt. Die moderne Wissenschaft wird früher oder später dahin kommen, dies möglich zu machen, und wir werden dann vor der Wahl stehen, ob wir das wollen – ob wir bereit sein werden, diesen Preis zu zahlen.«

Mag der deutsche Mann inzwischen hinreichend domestiziert sein, dass er diesen Preis zahlen würde, so dürfte dies für maskuline Zuwanderer aus vitaleren Kulturkreisen so schnell nicht zutreffen. Und hier beginnt die Angelegenheit amüsant zu werden, weil sich die politische Korrektheit zwischen der Privilegierung entweder der Fremden oder der Frauen entscheiden muss und beides zugleich so schnell nicht funktionieren wird. Womöglich – und ich neige zu der Ansicht – wird es aber auch nicht zu der von van Creveld geschilderten Alternative kommen, weil die Wirklichkeit einen solchen Luxus nicht zulässt, weil eine einstweilen immer noch zahlreicher werdende Menschengattung nicht unentwegt ihre Bedürfnisse immer besser befriedigen und sich fürs Erste und Nächste nicht als *one world* oder *Menschheit* empfinden wird können, zumal der Bevölkerungsdruck aus jenen Weltgegenden kommt, die solche westlich-modernen Ideen – sowohl die des »flexiblen« Geschlechts als auch jene des bösen Mannes – für dekadent und bescheuert halten.

»Aber Achilleus erhob sich, der Götterliebling;
   Athene
Warf um die mächtigen Schultern die Aigis,
   die quastengeschmückte,
Dann umkränzte sein Haupt mit goldener Wolke
   die hehre
Göttin und ließ ihm ein weithin glänzendes Feuer entsprühen.
(...) und die Rosse mit prangenden Mähnen
Wandten die Wagen zurück, denn sie ahnten
   Leiden im Herzen.
Auch die Lenker erschraken, sobald sie
   das furchtbare Feuer
Rastlos über dem Kopf des hochgemuten Peliden
Lodern sahn, entflammt von der strahlenden
   Göttin Athene.«

Homer: »Ilias«, XVIII. Gesang

WAS WAR DER HELD?

So, ich bin mit der Wäsche fertig, machen wir weiter.

Eine erste Antwort auf die oben stehende Frage soll über den Umweg einer Anekdote stattfinden. Sie spielt im Winter 1812, irgendwo in den Weiten Russlands. Moskau ist in Flammen aufgegangen, die französischen Truppen befinden sich, von Kälte, Hunger, Krankheiten und Kosakenangriffen dezimiert und demoralisiert, auf dem Rückzug. Der russische Partisan Denis Dawydow berichtet Folgendes:

»Die Alte Garde, bei der sich Napoleon befand, näherte sich. Wir sprangen auf unsere Pferde und erschienen wieder an der großen Straße. Als der Feind unseren lauten Haufen erblickte, legte er die Hand an den Gewehrhahn und setzte seinen Weg stolz fort, ohne seine Schritte zu beschleunigen. Allen unseren Versuchen, auch nur einen Mann aus diesen geschlossenen Kolonnen herauszureißen, setzten sie eisernen Widerstand, an dem all unsere Angriffe scheiterten, entgegen; nie werde ich den freien Schritt und die achtunggebietende Haltung dieser Soldaten vergessen, die dem Tod in allen seinen Gestalten ins Auge gesehen hatten. Mit ihren hohen Bärenfellmützen, ihren blauen Uniformen, dem weißen Lederzeug, mit den roten Federbüschen und Epauletten glichen sie Mohnblüten auf einem schneebedeckten Felde (...) Alle unsere asiatischen Angriffe vermochten nichts gegen diese geschlossene europäische Formation (...) An diesem Tag nahmen wir noch einen General, allerlei Gepäck und 700 Soldaten gefangen, doch Napoleon und die Garde gingen durch unsere Kosaken hindurch wie ein mit 100 Kanonen bestücktes Linienschiff zwischen Fischerbooten.«

Welcher Mann kann das ohne mehr oder minder heimliche Begeisterung lesen? Der moderne Westeuropäer durchaus, wird man antworten, er weiß schließlich, wohin all diese Kriege und Heldentaten geführt haben. Er verbringt lieber ein ganz und gar unheroisches Zivilistenleben, und dass er in keiner Partisanen-Anekdote auftaucht, nimmt er gern als Ausgleich dafür in Kauf, dass seine Gliedmaßen vollständig sind oder seine Knochen nicht irgendwo in der Steppe bleichen, dass er seine Kinder aufwachsen sieht und das Straßencafé gegenüber, in dem er täglich verkehrt, eine hübsche neue Kellnerin hat.

Es gibt eine Scherzfrage, welche da lautet: Würde man bei einer theoretischen Reise durch Griechenland lieber Achilleus oder Umberto Eco zum Begleiter wählen? Die Wahl fällt natürlich in der Regel auf Umberto Eco, den kultivierten Gelehrten und amüsanten Plauderer, der als Cicerone kaum zu übertreffen sein dürfte. Doch dann präzisiert der Frager: Er vergaß zu erwähnen, dass die Reise um 500 vor Christus stattfinden solle ...

In den knapp dreieinhalb Jahrtausenden zwischen dem Peliden und dem Professor für Semiotik war nicht allein das Reisen, sondern das Leben überhaupt meistens gefährlich, oft sogar lebensgefährlich, die letzten 50, 60 Jahre einmal ausgenommen (aber nur in unserem Weltteil). Diese Friedensperiode wurde von den mörderischsten Waffen gewährleistet, die der Mensch jemals erdacht hat, und es hätte jederzeit schiefgehen können. Dennoch haben diese Dekaden zu der Verbreitung der Ansicht geführt, dem Menschen des Westens könne nichts Schlimmes mehr geschehen, und eine echte Katastrophe bestünde für ihn darin, die Fähre verpasst oder die Brieftasche verloren zu haben. Und trotz einer erheblichen Zunahme des Reisebetriebs auf nahezu dem gesamten Globus halten sich die Nachrichten über Zwischenfälle, wo ein Achilleus als Begleiter angezeigter gewesen wäre als ein Eco, in überschaubaren Grenzen. Manche wollen darin eine globale Entwicklung zu mehr »Zivilgesellschaftlichkeit« erblicken; andere neigen angesichts der europäischen Erfahrungen aus der ersten Hälfte des vorigen Jahrhunderts sowie der aktuellen Zustände etwa im Irak, in Libyen, Darfur, Somalia, Tschetschenien, Afghanistan oder in gewissen Regionen Mexikos, Brasiliens, Pakistans und

Südafrikas zu der Ansicht, dass diese Zivilität eine alles in allem sehr fragile ist und jeden Tag zusammenbrechen kann. Achilleus könnte eine weitere Chance bekommen – sofern dieser Typus nicht tatsächlich ausgestorben sein sollte (aber vielleicht stirbt eher der Typus Eco aus).

Wir wollten indes der Frage nachgehen, was der Held war. Bekanntlich besitzt jedes Volk einen Fundus von Heldensagen und heroischen Mythen, die an die Zeit seiner Entstehung und an Phasen existenzieller Bedrohung erinnern und aus denen es in Notzeiten Kraft schöpft. Um einem gewissen aufgeklärten Vorurteil von vornherein entgegenzutreten, gestatte ich mir, nachdrücklich festzuhalten: Selbstverständlich hat Achilleus gelebt, so wie Hektor, Kassandra, Agamemnon und Phoibos Apollo auch. Wotan hat existiert, ebenso wie Gilgamesch, Ereschkigal, Moses, Jesus Christus und Hagen von Tronje. Wie sollten sonst ihre Namen und Geschichten auf uns gekommen sein? Der Efeu der Legenden hat ihre Denkmäler überwuchert, gewiss, doch – mit der unschlagbaren Wendung Egon Friedells – wer hätte je erlebt, dass Efeu auf Nichts wächst?

Ursprünglich war der Held ein Großwildjäger und Krieger. Mit seinem Erfolg standen oder fielen die Sippe, der Stamm, das Volk. Die Besten – die Griechen nannten sie *Aristoi* – bildeten die Kaste der Krieger in den frühen Stadtstaaten. Kriegerische Aristokratien haben die längste Zeit der Menschheitsgeschichte geprägt. Ihren Angehörigen wurde eine quasi tägliche Kampf- und Sterbebereitschaft abverlangt. Neben den Großtaten des Geistes kennt die Geschichte kaum Grandioseres als den Todesmut und die Todesverachtung solcher Kriegereliten, ob nun die lakedaimonischen Hopliten, die römischen Prätorianer oder die japanischen Samurai, die fränkischen Panzerreiter Karl Martells, das Semjonowski-Bataillon Peters des Großen oder die »Stonewall«-Brigade der Südstaatler.

Man muss sich nur das *Geräusch* ausmalen, das die Luft erfüllte, wenn zwei mittelalterliche Heere aufeinanderprallten – die *Mentalität* derer in der ersten Reihe ist für uns inzwischen ohnehin komplett unvorstellbar. Selbstredend war Heroismus zu allen Zeiten die Ausnahme, sonst hätte man kriegerische Eliten nicht mühsam heranzüchten müssen. Das zurückweichende Heer, die in Auflösung und Panik begriffene Masse gehörten ebenso zur Geschichte der Kriege wie die voranstürmende; Heldenmut und Todesverachtung sind zu allen Zeiten dünn gesät. Der faire Heldenkampf war fraglos das ritterlich geführte Duell, aber die Kriegsgeschichte lehrt, dass der spätere Sieger an Ritterlichkeit oft weniger interessiert ist als der Verlierer. Dennoch produziert gerade der unfaire, mit ungleichen Mitteln und Kräften geführte Krieg Helden, nämlich die des Standhaltens und des Selbstopfers aufseiten der Geschlagenen. Untergänge sind stets die Lieblingssujets der Dichter und Geschichtsschreiber gewesen, beginnend mit jenem Trojas oder dem der Goten. »Was unsterblich im Gesang soll leben,/muss im Leben untergehn«, dichtete Schiller. Es war der Untergang der Burgunder gegen die Hunnen, der das Nibelungenlied hervorbrachte, einst das Nationalepos der Deutschen, inzwischen eher Gegenstand von Seminaren zur Dekonstruktion der Heldenverherrlichung, und bis heute nährt der Leichnam des untergangenen Dritten Reichs Kohorten von Historikern, Autoren, Filmemachern und Moralpredigern.

Bekanntlich meuchelt der finstere Hagen von Tronje den hehren Siegfried von Xanten hinterrücks mit dem Speer, das heißt, die Heldengeschichte ist früh von unehrenhaftem Verhalten getrübt. Doch hatte sich nicht bereits Siegfried eine erhebliche Wettbewerbsverzerrung zuschulden kommen lassen, als er im Drachenblut badete – also gewissermaßen, wie heute die Größen des Radrennsports, Blutdoping betrieb? Die strahlendsten Helden müssen sterben, das ist ihre Bestimmung. Der Sieger dagegen ist oft der Listige, Hinterhältige, Gemeine – womit vielen alten Mythen ein Realismus eignet, der die »Theorie des kommunikativen Handelns« nicht nur übertrifft, sondern sogar erklärt, mit welchem Ziel sie geschrieben wurde. Bereits die älteste überlieferte Schrift über militärische Strategie, Sun Tzus »Die Kunst des Krieges«, propagiert die Täuschung, die List, die Überrumpelung und empfiehlt dem Heerführer, nur im Falle eigener überlegener Kräfte zuzuschlagen.

Troja fällt am Ende nicht durch eine Heldentat, sondern durch eine Kriegslist, und von allen Heroen aufseiten der Danaer überlebt einzig der erfindungsreiche Odysseus, der Kreateur des hölzernen Pferdes. Saladin soll das Heer der Kreuzritter ausgedürstet haben, bevor er es am Rande der Wüste schlug. Die Nordstaaten siegten zwar im amerikanischen Bürgerkrieg, doch sie kämpften unehrenhafter als die Konföderierten, indem sie halbe Bundesstaaten niederbrannten und Zivilisten töteten. Im Ersten Weltkrieg an der Südfront beschossen Österreicher und Italiener die Berghänge hinter den gegnerischen Stellungen und brachten durch so ausgelöste Lawinen Tausende gegnerische Soldaten um. Mit dem deutschen Giftgaseinsatz bei Ypern erhielt die

Unritterlichkeit in der Schlacht eine neue Dimension, wenngleich sich das Chlorgas in seiner Wirkung vom Artilleriesperrfeuer wenig unterschied. Der momentane Welthegemon USA führt seine Kriege fast nur noch aus der Luft, inzwischen ausschließlich gegen Staaten, die zu ernsthafter Gegenwehr unfähig sind. Sieger siegen oft mit gänzlich unfairen Mitteln.

Doch heroische und opferbereite Männer haben gelebt, zu allen Zeiten, in allen Kulturen. Es geziemt dem Gegenwarts-Besiedler, der sich beim Zahnarzt eine Spritze geben lässt, die Nase vor so viel Lebensverschleuderung nicht allzu sehr zu rümpfen – und sich vor allem einer Verurteilung zu enthalten. Die Weltgeschichte ist keineswegs das Weltgericht. So sicher wir Heutigen nur deshalb existieren, weil es die Menschen von gestern gab, so sicher sind wir auch nur so geworden, wie wir wurden, weil unsere Altvordern durch ihr Sosein unsere Existenz erst ermöglichten – ich bitte, diesen Gedanken in Jahrtausenden zu denken. Die planetarische Erfolgsstory unserer Gattung hängt im Wesentlichen damit zusammen, dass Menschen gekämpft und *gelitten* haben, dass sie über sich hinausgewachsen sind und es ihnen unter unvorstellbar harten Bedingungen gelang, zu überleben und gleichzeitig die Zivilisation und die unsterblichen Werke der Kultur zu schaffen. Es handelt sich um eine Leistung, an deren zwischenzeitlichem Ende unser moderner Luxus steht und mit ihm eine gewandelte Mentalität, die jedes Opfer als Zumutung zurückweist, mit anderen Worten: eine Leistung, die zu vollbringen mit unserer Mentalität wohl eher unmöglich gewesen wäre.

Dass der Krieger die Pflicht hatte, sein Gemeinwesen, seinen Herren, seine Familie mit seinem Blut zu schützen, war selbstverständlich. Aber es kam, wie angedeutet, noch etwas Entscheidendes hinzu. Er setzte sein Leben für aus heutiger Sicht so absurde Dinge wie den Ruhm und die Ehre aufs Spiel. Den Heros verlangt es nach Unsterblichkeit – wir werden dieses Motiv bei den *großen Männern* wiederfinden. »Besitz stirbt,/Sippen sterben,/du selbst stirbst wie sie;/eines aber weiß ich,/das ewig lebt:/des Toten Tatenruhm«, heißt es in der Edda. In Wolfgang Petersens Film »Troja« wird ein Botenjunge geschickt, den noch schlafenden Achilleus zur Schlacht zu holen. Die gegnerischen Heerführer haben vereinbart, das Gefecht nach altem Brauch durch einen Zweikampf der beiden besten Krieger zu entscheiden. Der Kämpfer des Feindes sei der gewaltigste Mann, den er je gesehen habe, erzählt der Bote dem sich rüstenden Achilleus, und setzt hinzu: »Ich würde nicht gegen ihn kämpfen wollen.«

»Deshalb«, entgegnet der Pelide, »wird sich auch niemand an deinen Namen erinnern.« Dieser Satz ist natürlich ein Schlag ins Gesicht für Millionen Männer, die ja allesamt noch jene genetische Grundausstattung mit sich herumtragen, welche den Typus Achilleus möglich gemacht hat (und die für den Überlebenskampf gegen Krokodile, Höhlenbären und feindliche Stämme notwendig war), und die nun nach Argumenten suchen müssen, warum es gut sei, dass ihre Namen mit ihnen verschwinden werden. Der Hinweis auf die völlig andere Situation, in welcher wir heute leben und in der kriegerisches Heldentum, überhaupt jede Art unsterblichen Ruhms, nahezu unmöglich geworden ist, hilft deshalb nur mäßig weiter, weil die meisten ja auch vor 3000

Jahren die Ansicht des Botenjungen geteilt haben würden. Es ist eine ungeheuerliche Tatsache, dass es zu allen Zeiten Männer gab, die das Wertvollste, das sie besaßen, ihr Leben, ohne mit der Wimper zu zucken drangaben, und die es mitunter als schändlich erachteten, alt zu werden. »Heute ist ein guter Tag zum Sterben« – für den modernen Menschen wirkt ein solcher Satz geradezu geisteskrank. Der Typus, der dergleichen auch nur zu denken vermag, ist innerhalb einer zivilisierten Gesellschaft nicht wünschenswert, er wäre eine Zumutung und eine Gefahr für seine Mitbürger. Doch wenn die Gesellschaft als Ganze bedroht ist, beginnt man händeringend nach solchen Gestalten zu suchen. Solange Drachen existieren, braucht es den Drachenkämpfer, mag er auch ein unangenehmer Geselle sein. Wenngleich der Typus des Drachenverstehers (aus der Ferne natürlich) inzwischen aufgetaucht ist, der uns noch lange beschäftigen wird.

Damit aus dem Krieger ein Held wird, muss also, zumindest seit es Zivilisation gibt, etwas hinzukommen: ein über den Ruhm hinausgehendes Ideal. Bislang war und ist dies der Gedanke, dass etwas Verteidigenswertes existiert, wofür ein Mann notfalls mit seinem Leben einzustehen hat: Familie, Tradition, Gott, Freiheit, Volk, Nation, Freundschaft. Von Anbeginn steht neben dem ruhmesbegierigen, egozentrischen Krieger der weniger am privaten Renommee als vielmehr am Wohl seiner Gemeinschaft interessierte Kämpfer. Ideal- oder archetypisch verkörpern sich beide Gestalten in Hektor und Achilleus. (Wenn Christa Wolf Letzteren in ihrer »Kassandra«-Erzählung allerdings durchweg »Achill, das Vieh« nennt und so den komplexen homerischen Charakter auf ein feministisches Level planiert, offenbaren sich darin wohl nicht nur die Schrecken des von Klein-Christa noch miterlebten Krieges, sondern ihre vermutlich früh entstandene Gewissheit, dass ein großer Held in ihrem Leben nicht auftauchen werde, nicht einmal, um sie zu rauben; und siehe, es kam kein Wolf, es kam der Herr Wolf.)

Hektors Tod schwächt Troja und treibt den Ruhm des Peliden noch höher, genau wie es der greise Priamos befürchtete, der den Sohn mit diesem Argument vom Zweikampf vergeblich abzuhalten suchte. Während Achilleus gewissermaßen auf eigene Rechnung kämpft, streitet Hektor fürs Großeganze. Ihn treibt keineswegs die Ruhmsucht in den Tod, sondern es ist seine Ehre, die er verteidigen muss, indem er sich stellt, statt sich hinter den Mauern zu verstecken. Die Ehre darf ein archaischer Krieger nicht preisgeben. Ruhm und Ehre hängen also zusammen, meinen aber nicht völlig dasselbe, die Ehre ist ursprünglich defensiver.

Gesellschaften, die von ihren männlichen Angehörigen verlangten, dass sie für sie ihr Leben aufs Spiel setzten, versprachen diesen Männern im Gegenzug, dass ihrer gedacht werde, wenn sie fielen, und ihr Opfer der Familie und den Nachkommen gutgeschrieben werde. Die Ehre übertrug sich wie ein Familienvermögen und musste von den Söhnen bezeugt und verteidigt werden. In der Polis standen Kriegswaisen unter dem Schutz der Allgemeinheit, ihre Ausbildung wurde mit öffentlichen Geldern finanziert, bis sie an die Stelle des im Kampf getöteten Vaters treten konnten. *Sich einen Namen machen* – dieser Gedanke durchzieht das Leben aller großen Familien der Geschichte, deren Angehörige ganz selbstverständlich davon ausgingen, dass sich Ruhm und Ansehen über Generationen vererben, neue Taten sich dazurechnen und die Verpflichtung des Familiennamens aus der Vergangenheit in die Zukunft wirkt. Kein großes Volk existierte ohne solche herausragenden Familien, die es prägten und dafür hohes Ansehen genossen. Es war selbstverständlich, dass die Söhne dieser Familien auch im Kampf an der Spitze standen. Bis heute ehren alle Gesellschaften außer der deutschen die Männer, die im Krieg ihr Leben für ihr Land ließen.

Als ein Held starb zum Beispiel – Millionen europäische Schüler haben es früher so gelernt und nie daran gezweifelt – der Spartanerkönig Leonidas, der 479 vor Christus mit seinen 300 Hopliten und einigen Hilfstruppen die Enge der Thermopylen besetzte, um dem hundertmal größeren Heer des Perserkönigs Xerxes den Weg nach Griechenland zu versperren. Der Opfertod dieser Spartiaten ist von Kriegshistorikern unterschiedlich bewertet worden, als heroische, aber militärisch sinnlose Tat von den einen, als strategisch sinnvolle, weil sie der griechischen Flotte Zeitgewinn verschaffte, von anderen. »Die Kritiker sagen, Leonidas hätte sich zurückziehen sollen; so viel ist gewiß, die Kritiker hätten sich zurückgezogen«, spottete der Historiker Heinrich Leo in zeitloser Gültigkeit. Zweieinhalb Jahrtausende hat der Ruhm der 300 nachgehallt: »Wanderer, kommst du nach Sparta, verkündige dorten, du habest/Uns hier liegen gesehn, wie das Gesetz es befahl«, dichtete Schiller die Worte auf dem Gedenkstein am Schlachtort nach.

Der Held zieht nicht nur in die Ferne, um große Taten zu verrichten, er ist noch größer als Beschützer seines Gemeinwesens. Als solcher ist er der schlechthin vorbildliche Charakter; alle Knaben und jungen Männer versuchen so zu sein wie er. Dieser Verteidiger des Gemeinwesens hat sich schon zu recht früher Zeit vom Kampfplatz entfernt, er ist vom Krieger zum Feldherren und vom Feldherren zum Stammesfürsten, König oder Staatenlenker geworden, der sich natürlich in hohem Maße um die kriegerischen Belange seines Landes kümmerte und Verteidigungsinteressen auch schon mal offensiv definierte. Der Weg zur historischen Größe führte fort von den Stätten der direkten körperlichen Auseinandersetzung, wo auch der Stärkste recht zügig über Acheron, Jordan oder Wupper geht. Bei den »wandernden« Völkern der Spätantike trifft man immer wieder und mit einer gewissen Zwangsläufigkeit auf Fürsten, die selber mit an Kämpfen teilnahmen, doch die wenigsten Herrscher der »Sesshaften« haben sich persönlich in die Schlacht begeben. Ausnahmen wie der englische König und Kreuzzügler Richard Löwenherz, dessen Thronverlust aufgrund allzu langen kriegerischen Auslandsaufenthaltes vielen noch durch die Robin-Hood-Filme bekannt sein dürfte, wie der Schwedenkönig Karl XII., der sein gesamtes Erwachsenenleben im Feld verbrachte, oder der auch als Turnierkämpfer berühmte Kaiser Maximilian I. von Habsburg (der »Letzte Ritter«), kratzen nur sacht an dieser Regel. Ein Herrscher durfte nicht Leben und Thron riskieren, indem er sich ins Gefecht stürzte.

Da die einzelne, kurze Heldentat allmählich verblasst – übrigens auch die jenes amerikanischen Piloten, der im Januar 2009 seinen Airbus A 320 auf dem Hudson notwasserte und damit allen Insassen das Leben rettete –, muss sich der Held in der Zeit ausdehnen, ein »großer Mann« werden. Um seine Taten zu vollbringen, muss er überleben. Er opfert sein Leben nunmehr, indem er ein Leben lang einer Sache dient. Der Ruhm gilt dann der Lebensleistung. Das Einzige, was der große Mann mit dem antiken Helden noch gemeinsam hat – und was beide so grundlegend aus der Masse hebt – ist ihr entschiedener, zuweilen monströser Wille, selbstbestimmt zu handeln.

Wir sprachen vom Ideal, welches den Kämpfer beseelen muss, damit aus ihm ein Held werden kann. »Riesenhafte Tapferkeit«, sekundiert uns Thomas Mann, »ist barbarisch ohne ein wohlartikuliertes Ideal, dem sie gilt.« Zwar steigen und fallen die Ideale wie die Gezeiten; was der einen Generation als erstrebenswert gilt, kann die nächste schon verwerfen und verfluchen, und innerhalb der verschiedenen Weltteile gelten ohnehin jeweils andere, doch unter allen zivilisierten Völkern dürfte eine gewisse Einigkeit darüber bestehen, dass der Held gut und edel zu sein hat. Er darf unterliegen, aber nicht menschlich versagen. Ein Sagenheld, der Schwache tötet, das Alter nicht ehrt oder den Gegner, der die Waffen niedergelegt hat, umbringt, ist undenkbar. Dass dergleichen in der Wirklichkeit dauernd vorkommt, stabilisiert nur das Idealbild und richtet jene, die nicht wenigstens versuchten, ihm zu entsprechen.

Andererseits ist Heldentum, wie Kameradschaft und Treue, immer auch ein Wert an sich, egal welcher schmutzigen Sache es dient. Man kann jemandem, der heldenhaft für den Teufel gekämpft hat, zwar mit guten Gründen einiges vorwerfen, man muss aber viele Jahre lang die falschen Zeitungen gelesen haben, um nicht seiner schieren Tapferkeit Respekt zollen zu können. Für schlechte Zwecke lassen sich bekanntlich nicht nur menschliche Tugenden missbrauchen, sondern nahezu alle Dinge, etwa die Diplomatie, die Eisenbahn oder die Ballistik. Den Siegfried-Meuchler und Kindsmörder Hagen von Tronje waschen seine Treue und Tapferkeit angesichts seines sicheren Todes zwar nicht von seinen Untaten rein, doch der Böse erhebt sich dadurch zu majestätischer Größe.

Der deutsche Soldat hat sich, wie im Ersten, so auch im Zweiten Weltkrieg als außergewöhnlich kampfkräftig präsentiert, und enorme Kampfkraft ist ohne großen Mut nicht zu haben. Der israelische Historiker Martin van Creveld, der im Auftrage der US-Army eine Studie über die Wehrmacht verfasste, kam zu dem Schluss, dass die deutsche Armee in jeder Situation, also in den anfänglichen Offensiven ebenso wie in den verzweifelten Abwehrkämpfen unmittelbar vor dem Zusammenbruch des Dritten Reiches, dem Gegner größere Verluste zufügte, als sie selber erlitt. »Nur selten«, schrieb der Historiker John A. Armstrong über die Wehrmacht in der Sowjetunion, »hat sich eine angreifende Macht so lange auf feindlichem Gebiet halten können, obwohl sie so enorm unterlegen war, was Truppenstärke und Ausstattung betrifft.«

Bekanntlich hat diese »riesenhafte Tapferkeit« nicht nur kein Ideal gefunden außer sich selber, sie hat überdies Schandtaten ermöglicht und gedeckt, die in der deutschen Geschichte völlig ohne Beispiel waren. Deren Schändlichkeit wiederum hatte in hohem Maße mit Feigheit zu tun, denn was gibt es Unheroischeres, als Kinder in Güterzügen durch halb Europa zu fahren, um sie in Lagern möglichst heimlich zu ermorden? Was gibt es Feigeres, als Zivilisten in Wälder zu treiben und sie dort zu erschießen? Über die

Mordkommandos des Sicherheitsdienstes (SD), die der durch Russland vorrückenden Wehrmacht auf dem Fuße folgten, fällt der Historiker Jörg Friedrich denn auch das denkbar verächtlichste Urteil, nämlich vom Standpunkt des Kriegers: »Der Truppe den Rücken freizuhalten, waren die Einsatzgruppen lächerlich ungeeignet. (...) Hätten sich die Kommandos mit versprengten Rotarmisten, NKWD-Nestern und Partisanen gemessen, würden sie den August nicht überlebt haben. Solche Unternehmen bestritten eigene Stäbe für Partisanenbekämpfung oder die Feldgendarmerie. Dem SD traute niemand eine Feindberührung zu.«

Diktatoren und grausame Herrscher haben nicht nur allerlei Befreiungsideologien und -theologien, sondern auch zwei Arten von Helden indirekt hervorgebracht, die heute noch einen gewissen Respekt genießen: den Freiheits- respektive Widerstandskämpfer und den Märtyrer. So gab es 2009 ein deutsches Heldengedenkjahr mit dreifachem Anlass: Vor 2000 Jahren hatte die Hermannsschlacht stattgefunden, vor 20 Jahren hatten die friedlichen Revolutionäre in vor allem Leipzig das SED-Regime gestürzt, und der Film »Valkyrie« über den Hitler-Attentäter Claus Schenk Graf von Stauffenberg war in den europäischen Kinos angelaufen. Alle zweieinhalb Jubiläen (im Falle des Hitler-Attentats wäre man aufs 65. gekommen) konnte eine demokratische Nation mit halbwegs gutem Gewissen feiern, denn den Cheruskerfürsten, den bayerischen Adligen und die Leipziger Demonstranten verbindet das freiheitliche Motiv ihrer Taten. Wenn es um Freiheit und Widerstand gegen Diktatoren geht, darf der Held noch halbwegs einer sein.

Schaut man allerdings genauer hin, zeigt sich, dass keines der drei Ereignisse hierzulande eine besonders gute Presse hat oder gar Begeisterung hervorzurufen vermag. Über den von Hermann alias Arminius geführten Germanenaufstand gilt inzwischen eher die Ansicht, dass es Unsinn war, sich in partikularistischer Tumbheit gegen die universalistischen Römer zu stellen; außerdem gebe es keine Verbindungslinien von den Germanen zur Bundesrepublik. Stauffenberg und seine adligen Mitverschwörer wiederum haben zwar den richtigen Feind gewählt, indem sie versuchten, Satan persönlich zu töten, aber sie besaßen die falschen Motive; weder wollten sie eine demokratische Republik errichten noch Deutschland samt seiner alten Eliten abschaffen. Und die Leipziger Demonstranten haben mit ihrem anachronistischen Wunsch nach der Wiedervereinigung den überholten Nationalstaatsgedanken wieder aus der historischen Mottenkiste hervorgeholt. Nein, die Meinungsverbreiter dieser Republik konnten und können mit allen drei Anlässen wenig anfangen und würden wohl lieber Che Guevara, Rosa Luxemburg oder sich selber, sofern sie sogenannte 68er waren, gefeiert haben. Es genügt übrigens, die historischen Daten 1968 und 1989 einzig unter dem Gesichtspunkt des von den Demonstranten aufgebrachten Mutes zu betrachten, um zu verstehen, warum 1968 bei ihnen populärer ist.

Die unlängst verstorbene französische Historikerin und Expertin für den Stauffenberg-Putsch Barbara Koehn hat mehrfach ihr Unverständnis über die geringe Wertschätzung des Widerstandes gegen Hitler bei einem maßgebenden Teil ihrer deutschen Fachkollegen und in der deutschen Öffentlichkeit bekundet. Dass es in der Bundesrepublik am

20. Juli »nicht einmal einen Nationalfeiertag« gebe, sei ein Zustand, »den man vom französischen Standpunkt überhaupt nicht versteht«. Deutsche Historiker hätten ihr gesagt, man dürfe diese adligen Attentäter keinesfalls heroisieren. »Ich denke, das kommt daher«, erläutert Madame Koehn, dass »diese Historiker sich nicht in totalitäre Gesellschaften hineinversetzen können, nicht begreifen können, was eine solche Gesellschaft bedeutet hat. Sie haben nicht die geringste Ahnung, was es für einen Mut verlangt hat, gegen ein solches Regime zu handeln.« Diese »Schreibtischmoral« finde sie »geradezu peinlich«.

Wäre Stauffenberg kein konservativer Aristokrat und elitärer George-Jünger gewesen, sondern beispielsweise ein linksgrüner Taxifahrer mit Benehmens- und später auch Gewichtsproblemen, genösse er einen gewissen postmortalen Kult auch außerhalb konservativer Kreise – nur stürzen sich linksgrüne Plebejer in der Regel nicht auf Diktatoren, sondern allenfalls mal motorradbehelmt mit ein paar Kumpanen auf einen einsamen Polizisten.

Das Schlüsseldokument des 20. Juli ist der berühmte Brief, in welchem Henning von Tresckow im Juni 1944 an Stauffenberg schrieb: »Das Attentat muss erfolgen, coûte que coûte. Denn es kommt nicht mehr auf den praktischen Zweck an, sondern darauf, dass die deutsche Widerstandsbewegung vor der Welt und vor der Geschichte den entscheidenden Wurf gewagt hat.«

Zu seinem Adjutanten sagte Tresckow, nachdem er vom Scheitern des Anschlags erfahren hatte: »Niemand von uns kann über seinen Tod Klage führen. Wer in unseren Kreis getreten ist, hat damit das Nessus-Hemd angezogen. Der sittliche Wert eines Menschen beginnt erst dort, wo er bereit ist, für seine Überzeugung sein Leben hinzugeben.«

Hier schlägt der Widerstand direkt ins Martyrium um. Wenn der Opfertod die elenden Verhältnisse nicht direkt verändern kann, so soll er doch Zeugnis ablegen, dass es Menschen gab, die sich nicht mit ihnen abgefunden haben; er ist ein Signal an die Nachwelt. Das Christentum wäre wohl niemals zur Weltreligion aufgestiegen ohne seine Märtyrer, die mit ihrem freiwilligen Leiden überzeugender wirkten als alle Predigten. Nicht der Kreuzestod Jesu war die Heldentat, sondern dass er ihn bereitwillig auf sich nahm. Es geht dem christlichen Märtyrer darum, das Böse »aufzuleiden«, wie Benedikt XVI. formulierte. Ein stärkerer Gegensatz zum heroischen Krieger lässt sich nicht denken. Was beide dennoch vereint, ist ihre Bereitschaft, Schmerzen zu ertragen und sich dem Tod zu stellen.

Bernhard Lichtenberg, Domprobst von St. Hedwig zu Berlin, wurde im Oktober 1941 von der Gestapo verhaftet, weil er wie gewohnt für die verfolgten Juden gebetet hatte, für die Gefangenen in den Konzentrationslagern, für die bombardierten Städte in Freundes- und Feindesland, für die Soldaten hüben und drüben. Lichtenberg antwortete im Verhör auf die Frage, wie er zum Führer stehe, Hitler sei nicht sein Führer, denn er sei kein Parteigenosse und einem anderen Herrn verpflichtet. Die Vernehmungsbeamten drohten, ihn nach Litzmannstadt zu seinen »lieben Juden« zu schicken. Der Domprobst antwortete: »Gerade darum wollte ich bitten, denn was könnte es für einen alten Geistlichen Schöneres geben, als diesen zum Tode geweihten jüdischen Christen beizustehen.« Lichtenberg wurde eingesperrt, misshandelt und starb zwei Jahre später auf dem Weg nach Dachau. *Er ist nicht mein Führer:* Was für eine herrliche Weltsekunde! Was für eine Courage! In diesem einen Satz steckt mehr Mut, als die deutsche Nachkriegs-Antifa in ihrer gesamten trostlosen Existenz aufgebracht hat. Dieser treue Diener Gottes starb als ein Held, und er sei hier stellvertretend für all die Namenlosen gepriesen, die sich gegen die Menschenschinder auflehnten.

Das Selbstopfer ist eine spezielle Form des Heroismus. Wie wir feststellten, besitzt der Held zum Kampf und folglich zum Tod ein anderes Verhältnis als der Normalmensch. Die Heldentat ist das eine, doch sie kann in ihrem Glanz beeinträchtigt werden durch unlautere Motive oder Kollateralschäden. Wer indes heldenhaft zu sterben versteht, darf sich allgemeiner Bewunderung am sichersten sein, denn hier gelten keine Motive mehr, hier sieht sich der Mensch vor das Äußerste gestellt und hineingehalten ins Nichts. Dabei eine gute Figur zu machen, ist beinahe übermenschlich. Wer dennoch tapfer zu sterben versteht, hat höchsten Respekt verdient.

In Japan entstand in der frühen Neuzeit eine regelrechte Kultur des heroischen Selbstopfers, deren Ausläufer bis nach Fukushima reichen. Der rituelle Freitod *Seppuku* (hierzulande eher als *Harakiri* bekannt) war die Art japanischer Krieger, mit Niederlagen oder dem Tod ihres Herren umzugehen, und es gibt grausige Zeugnisse kollektiven Bauchaufschlitzens zuhauf. »Ein härteres und zugleich unwirksameres Selbstmordverfahren läßt sich kaum vorstellen«, schrieb Maurice Pinguet in seinem Buch »Der Freitod in Japan«. »Nur durch ihren symbolischen Wert fiel die Wahl auf diese Methode. Der blutige Glanz dieser Heldentat schmeichelte dem Stolz und behagte dem Masochismus, der dunklen Kehrseite des Willens. Die körperlichen Qualen waren von einer kaum vorstellbaren Heftigkeit, doch gingen sie mit einer moralischen Apotheose einher: Jeder konnte in seinem letzten Augenblick zum Helden werden. Der Akt selbst verwandelte ihn, ließ ihn ruhmvoll sterben.« Andererseits deutete die permanente Bereitschaft zu dieser Art des Sterbens potenziellen Feinden an, mit welchem Kaliber von Gegner man es im Ernstfall zu tun bekommen würde.

Eine letzte große Selbsttötungswelle rollte durch das Inselreich, nachdem der Kaiser im Sommer 1945 die Einstellung der Kampfhandlungen angeordnet hatte. Es war die Götterdämmerung der japanischen Armee, doch diese Freitode besaßen eine andere Qualität als jene der führenden Nationalsozialisten im zehntausend Kilometer entfernten Deutschland. »Die Militärs Großjapans waren nicht minder brutal, nicht minder grausam als andere, doch sie wußten zu sterben und behielten das Beste ihrer selbst den letzten Augenblicken ihres Lebens vor« (Pinguet). Der Heeresminister General Anami etwa schrieb in der Nacht zum 15. August, jenem Tag, an welchem die Kapitulationserklärung des Tenno im Radio gesendet werden würde, zwei Abschiedsgedichte, legte das weiße Hemd an, das ihm der Kaiser einst geschenkt hatte, kniete auf der Veranda seines Hauses nieder und schlitzte sich den Bauch von links nach rechts auf. Sein Schwager bot ihm den Gnadenstoß an, doch der General lehnte ab. Anamis Sterben zog sich über Stunden hin. Neben seinem Leichnam liegend, beschrieb ein Gedicht den Sinn seines Todeskampfes: »Von seinen Göttern/

geschützt wird unser Heimatland/nicht untergehen./Dem Kaiser sei mein Tod als Sühneopfer/für die schwere Schuld geweiht.«

Der letzte bekannt gewordene Fall von *Seppuku* geschah im August 1985, nach dem schwersten Flugzeugunglück in der Geschichte der japanischen Zivilluftfahrt. Eine Boeing der Japan Airlines hatte ihr Seitenleitwerk verloren und war gegen einen Berg geprallt. 520 Menschen starben. Als Entschuldigung für ihren Tod und als Sühne für die begangenen Fehler beging der Chef der zuständigen Wartungsmannschaft auf traditionelle japanische Weise Selbstmord.

Als im Paris Robespierres die Guillotine ihr schauriges Werk verrichtete und die Zuschauer auf dem Revolutionsplatz während der Hinrichtungen die Hüte nicht aus Andacht abnahmen, sondern damit die anderen Gaffer besser sehen konnten, also in einer Zeit äußerster sittlicher Verrohung, die sich, wie seither so oft, mit der Idee des Fortschritts paarte, spielten sich auf dem Blutgerüst, wo die Köpfe derer von gestern fielen, oft Szenen erstaunlicher Tapferkeit ab. Dem greisen Marschall de Mouchy rief, als er aufs Schafott stieg, ein noch im Karren der Todeskandidaten wartender Leidensgefährte zu: »Nur Mut, Herr Marschall!« Worauf der Alte würdevoll entgegnete: »Mit fünfzehn Jahren habe ich für meinen König die Schanzen erklettert, mit achtzig steige ich für meinen Gott aufs Blutgerüst.« Der große Danton sprach zum Henker, ehe er sich unters Fallbeil legte, den unglaublichen Satz: »Du wirst meinen Kopf dem Volke zeigen. Es ist der Mühe wert!« Charles Henri Sanson, der Henker von Paris, gab über den Tod von Ludwig XVI. zu Protokoll, der König habe die gesamte Hinrichtungsprozedur »mit einer Kaltblütigkeit und Festigkeit durchgestanden, die uns alle in Erstaunen versetzte«, und zwar bezeugte er dies, um die Behauptung einer Zeitung und das daraus resultierende Gerücht zu entkräften, der Monarch sei als Feigling gestorben. Eine republikanische Gazette schrieb beeindruckt: »Die Unerschrockenheit, mit der die Gegenrevolutionäre in den Tod gehen, ist geradezu unglaublich und beweist, dass das Verbrechen ebenso seine Helden hat wie die Tugend.«

Würden bundesdeutsche Medien tapferen Demokratiefeinden ebenfalls Respekt zollen? Einem mutigen Menschen fällt es natürlich leichter, den Mut des Gegners zu achten, als einem Feigling oder Journalisten, der zwanghaft dessen Motive diskreditieren muss. Wo Feiglinge herrschen, wird der Böse immer als feige und unwürdig dargestellt. So mögen zum Beispiel die muslimischen Selbstmordattentäter zwar alles Mögliche sein, nur eben feige gerade nicht. Es dürfte auf diesem Planeten sogar eine hohe Zahl von Menschen geben, die Osama bin Laden und seine Al-Kaida-Männer oder die Talibankrieger für heroische Widerstandskämpfer halten. Diese Leute könnten zum Beispiel darauf verweisen, dass Stauffenberg seine Bombe nur abstellte, um sich danach davonzumachen, während muslimische Attentäter sich selber mit in die Luft jagen, was schließlich mutiger sei – aber im Westen gelten diese mobilen androiden Sprengsätze als »feige Terroristen«.

Welche Perspektive ist die richtige? Gibt es einen grundlegenden Unterschied zwischen dem heutigen muslimischen und dem heutigen westlichen Kämpfer, und worin besteht er? In seinem Essay »Die Körper von Abu Ghraib« behauptet der Kulturphilosoph Boris Groys, der Unterschied bestünde in der diametralen Wertschätzung von Leben und Würde. Während der islamische Kämpfer bereit sei, sein Leben, aber niemals seine Würde preiszugeben, klammere sich der westliche Mensch so entschieden ans Leben, dass er »jederzeit und unter allen Umständen« bereit sei, im Gegenzug »seine Würde zu verlieren und zu opfern«. Während der durchschnittliche Mensch des Westens so sehr am Leben hängt, dass er sich weit lieber nackt zu Pyramiden stapeln lassen würde, als zu sterben, will der durchschnittliche Muslim lieber umgebracht als so gedemütigt werden wie die Gefangenen von Abu Ghraib. »Amerikaner lieben das Leben, wir lieben den Tod«, lautet ein Standardbekenntnis islamistischer Freischärler. Beide Weltsichen befinden sich derzeit im kriegerischen Konflikt, wobei die eine Seite bedeutend bessere Waffen hat, die andere dafür entschlossenere Kombattanden. Die totale technische Überlegenheit des Westens auf dem Schlachtfeld ist das eine. Es gibt eine zweite Front, sie verläuft auf den Straßen und Schulhöfen westlicher Städte, wo die Technik nichts nutzt und die sogenannte Zivilgesellschaft äußerst empfindlich ist.

Wir müssen aber zurückkehren zu dem, was der Held einst war – und das heißt nunmehr zur historischen Größe. Bei dieser Gelegenheit werden wir bemerken, dass neben dem Begriff des Helden auch der des *großen Mannes* der Verdammnis anheimgefallen ist. Es ist eine dem egalitären Empfinden nicht eben schmeichelnde Tatsache, dass sich die Geschichte immer nur in einigen wenigen Persönlichkeiten manifestiert, während sämtliche Zeitgenossen dieser Wenigen für immer in der Versenkung verschwunden sind. Die Rache der Egalitaristen besteht nun darin, an der Verächtlichmachung der Großen zu arbeiten beziehungsweise ihnen die Größe abzusprechen und sie obendrein moralisch zu verwerfen, zu Verbrechern, Rassisten, Unterdrückern, Kriegstreibern usw. zu stempeln. Mit einem Wort: ihnen den Prozess zu machen. Was nichts daran ändert, dass Klio, die Muse der Geschichtsschreibung, ihre Namen als historische Fixpunkte unauslöschlich im Buch der Geschichte verzeichnet hat. Nichts anders gilt für die Künste, wo der rückwirkende Egalitarismus zwar die Genies abgeschafft haben will, deren Werke aber pyramidengleich dastehen.

Der Idee vom *Ende der Kunst* (von dem übrigens unter anderen schon Hegel kündet) entspricht die vom *Ende der Geschichte* (auch ein Hegel-Gedanke, freilich in vielen Religionen vorformuliert). Das bedeutet keineswegs, dass nicht weiterhin Romane geschrieben, Musik komponiert und Theater gespielt wird, dass nicht weiterhin Staaten mit Staaten konkurrieren, Parteien aufsteigen und verschwinden, es hieße nur, dass Kunst und Geschichte im herkömmlichen Sinne verschwänden. Das ist die Idee der *Posthistoire*, der Nachgeschichte: dass innerhalb einer Weltzivilisation zwar unendlich viel Geschichte stattfindet, aber keine erkennbaren, sich bündelnden, zentralen Handlungsstränge mehr existieren und keine wirklichen historischen Zäsuren mehr sichtbar sind. Dann würde der Mensch gleichsam objektiv kleiner. Wird er es aber auch in der Rückschau? Wie sie die Geschichte betrachtet, sagt viel mehr über eine Zeit aus als über die Geschichte selber; heroische Epochen suchen und finden heroische Vorfahren, und wenn gewisse Denkschulen heute historische Größe kaum mehr gelten lassen wollen, sprechen sie damit vor allem ein Urteil über sich.

Dabei sind wir uns, um mit dem Universalhistoriker Jacob Burckhardt zu sprechen, »der Fraglichkeit des Begriffes Größe wohl bewußt; notwendig müssen wir auf alles Systematisch-Wissenschaftliche verzichten. Unsern Ausgang nehmen wir von unserem Knirpstum, unserer Zerfahrenheit und Zerstreuung. Größe ist, was *wir nicht* sind.« Wer sich dieses Attributes als würdig erweisen soll, muss Burckhardt zufolge zwei Kriterien erfüllen: Einzigkeit und Unersetzlichkeit. »Sprichwörtlich heißt es: ›Kein Mensch ist unersetzlich.‹ – Aber die wenigen, die es eben doch sind, sind groß.«

Wie auch immer: Im großen Menschen verdichtete sich bislang die Geschichte. Was die moderne Sozialgeschichtsschreibung dagegensetzt, ist vor allem langweilig. Die Erinnerung einer jeden Nation besteht im Wesentlichen aus einer Reihe großer Männer, die sie als ihre Ahnen, Retter, Gesetz- und Gestaltgeber betrachtet, denen sie Denkmäler setzt und über die Biografien geschrieben werden. Man findet solches Helden- und Gründergedenken im verkleinerten Maßstab übrigens auch bei Institutionen, Parteien oder Sportvereinen. Desgleichen wird jeder Künstler sofort und umstandslos vier, fünf Namen nennen können, die seine eigene geistige Ahnengalerie und den Gegenstand seiner Bewunderung bilden.

Von »großen Männern«, die Geschichte schreiben, wird man allerdings heute an keiner Universität mehr hören (zumindest an keiner deutschen). Der Egalitarismus »verführt die demokratische Gesinnung zu jener Perversion, die jede

Größe verleugnet und das Heroische verachtet«, konstatiert der Philosoph Norbert Bolz. »Es soll keine großen Männer, keine großen Taten und keine großen Gedanken mehr geben. Deshalb dürfen Niemande Biografien über Bismarck als Neurotiker und Heidegger als Nazi schreiben.« (Die hierzulande nahezu systemische Unfähigkeit, mit Größe im Allgemeinen und literarischer Vortrefflichkeit im Besonderen angemessen umzugehen, offenbarten exemplarisch die überwiegend negativen Besprechungen von Jonathan Littells Weltkriegs-Epos »Die Wohlgesinnten« – ein Buch, das man, im Gegensatz zu allem, was den zeitgenössischen Rezensenten gemeinhin so enthusiasmiert, in 100 Jahren noch lesen wird.) Seit der westliche Mensch die Geschichte als Kampfplatz der Gesinnungen und Ideologien erschlossen hat, dehnt sich der Zeitgeist auch in die Vergangenheit aus, und das Abräumen einstiger Ideale gehört zur Durchsetzung der gerade jeweils geltenden.

Das ist aber nur die eine Seite. Die andere, scheinbar objektivere, betrifft die resignative Erkenntnis des modernen Menschen, dass es in den immer komplexeren und sich (der Himmel weiß genau, wie) wechselseitig beeinflussenden Strukturen einer inzwischen von mehr als sechs Milliarden Menschen besiedelten Welt auf den Einzelnen nicht mehr ankommt. »Wir glauben heute überhaupt nicht mehr, daß Geschichte *gemacht* wird. Geschichte *geschieht*«, erkannte Sebastian Haffner; wir fühlten uns heute der Geschichte so hilflos ausgeliefert wie früher der Natur.

Diesem inzwischen vierzig Jahre alten Befund wird mittlerweile wohl niemand mehr widersprechen. Weder der tapfere Krieger noch der große Mann haben heutzutage noch die Chance, den Gang der Dinge entscheidend zu beeinflussen, und wenn man es sich recht überlegt, waren ihre Aussichten dafür nie besonders groß. Man kann dies leicht daran nachweisen, dass viele bedeutende historische Persönlichkeiten politisch wenig bis überhaupt nichts von dem erreicht haben, was sie anstrebten. Zum Beispiel Themistokles, der Vater der athenischen Flotte, unter dessen Führung die Griechen 480 v. Chr. die Perser in der Seeschlacht bei Salamis entscheidend schlugen und damit ihre Unabhängigkeit sicherten: Gewiss hatte er nicht damit gerechnet, dass ihn seine Landsleute neun Jahre später per Scherbengericht in die Verbannung schicken würden und er ausgerechnet beim persischen Feind Unterschlupf finden würde. Oder Martin Luther: Er griff das korrupte Papsttum an, um eine von Rom unabhängige Gewissenskirche zu gründen, und was er auslöste, war ein mörderischer Glaubenskrieg, der zunächst einmal seine Sprachheimat so grundlegend verheerte, dass sie noch nach Generationen unter dem Trauma litt. Frankreich war nach Napoleons zweiter und endgültiger Abdankung so groß wie bei seiner Machtübernahme, auch wenn er zwischenzeitlich halb Europa beherrscht hatte, Bismarcks mit Blut und Eisen geschaffenes und mit Diplomatie kunstvoll nach allen Seiten abgepolstertes Reich hat keine 80 Jahre gehalten, im Grunde nicht mal länger als bis 1914, und unter der Ägide von Englands Nationalhelden Churchill ist das Britische Weltreich auf eine global betrachtet völlig unbedeutende Inselgruppe am Nordwestrand Europas zusammengeschrumpft.

Oder nehmen wir den Säkularmessias und welthistorischen Bandenchef Wladimir Iljitsch Lenin: Als orthodoxer

Marxist war er überzeugt davon, dass die proletarische Revolution nur in entwickelten kapitalistischen Industriestaaten gelingen werde, was ihn nicht hinderte, seinen Staatsstreich in einem Agrarland durchzuführen, wo das bislang blutigste aller Gesellschaftsexperimente spätestens anno 1991 gründlich und final scheiterte. Der chinesische Nationalkommunist Mao Tse-tung war letztlich erfolgreicher (und noch mörderischer), wie der heutige Zustand des »Reiches der Mitte« demonstriert, den er freilich so überhaupt nicht herzustellen beabsichtigte. Doch ohne den Einfall der Japaner in China anno 1936, der ihm die hochüberlegenen Truppen seines Todfeindes Tschiang Kai-shek vom Halse schaffte, würde heute vermutlich kaum ein Mensch den Namen Mao kennen, so wie Preußens Friedrich ohne das »Mirakel des Hauses Brandenburg« – den Tod der Zarin Elisabeth I. im Siebenjährigen Krieg, mit welchem die Feindkoalition zerfiel – niemals den Namenszusatz »der Große« erworben hätte und nur einem kleinen Kreis von Geschichtsexperten bekannt wäre. Gefangen in den Strukturen ihrer Zeit und den Launen des Zufalls ausgeliefert waren die Herrscher und Kriegsherren seit jeher.

Haffner in seinem eminent historischen Denken war jedoch keineswegs bereit, ihre Größe retrospektiv einfach preiszugeben; gerade *weil* sie trotz der offenkundigen Vergeblichkeit versucht hatten, die Welt nach ihren Vorstellungen zu gestalten, erklärte er, seien sie groß gewesen. Dasselbe meint Nicolás Gómez Dávila, wenn er notiert: »Propheten, Philosophen, Politiker, alle scheitern am Ende. Aber nichts ist absurder, als ihre Geschichte als Kette von Niederlagen zu schreiben. Jeder große Mann ist ein Sieg.«

Apropos: Gibt es auch Heldinnen beziehungsweise große Frauen? Aber ja, jeder kennt sie: Elisabeth I. beispielsweise, nach der ein ganzes Zeitalter benannt wurde, oder Jeanne d'Arc. Oder Maria Theresia von Österreich, um irgendeine jener Vielfachmütter zu nennen, die in Schwangerschaft und Kindbett für die Erhaltung der Art stritten: 16 Kinder *und* Kaiserin. Es bedurfte nicht der – französischen – Erfindung des Mutterkreuzes als Pendant zu den Krieger- und Heldenorden, um den fundamentalsten Unterschied zwischen männlichen und weiblichen Großtaten zu beschreiben. Nur die Frau kann Leben hervorbringen, und jahrhunderttausendelang war dieses Gebären ein Kampf, dem des Kriegers ebenbürtig. Allerdings befreite die Fähigkeit zu gebären die Frau von jenem Drang, sich einen Namen zu machen, berühmt, ja unsterblich zu werden, der den heroischen Mann antreibt, denn sie war es in ihren Kindern ohnehin schon. Erst die jüngere Gegenwart hat die kinderlose, mitunter sogar kinderwunschlose Frau als Massenphänomen erzeugt; ob sich bei diesen Damen kompensatorisch der Wunsch nach großen Taten ausprägt, darf neugierig beobachtet werden.

Zurück zu denen, deren Namen die Welt noch kennt, obwohl sie nicht mehr auf ihr wandeln – und das wird ihnen persönlich selten das Unwichtigste gewesen sein. Was eine englische Zeitung über Churchill schrieb, gilt für sie alle: »Was immer sein Platz in der Geschichte ist, sein Platz in der Sage ist ihm sicher.« (Hier ergibt sich eine bezeichnende und manche irritierende Verbindung zum egomanischen Satz des Film-Achilleus.) Einen Namen haben sich aber auch Erfinder, Künstler, Philosophen, Baumeister, Weltumsegler, Kontinenterschließer oder Weltraumeroberer gemacht. Sind Imhotep, Leonardo da Vinci, Kolumbus, Bach, Shakespeare, Kant, Edison oder Amundsen etwa keine großen Männer gewesen? Selbstverständlich waren sie das. Aber man wird sie nicht direkt – Kolumbus und Amundsen vielleicht ausgenommen – als Helden bezeichnen. Außer dass der moderne demokratische Mensch beide gern wegdiskutieren möchte, haben der Held und das Genie wenig gemeinsam. Ein Held kann (nach neuerer Lesart: *muss*) ein großer Dummkopf, ein Genie kann ein ausgemachter Feigling sein.

Der Kunsthistoriker Julius Meier-Graefe brachte gleichwohl einen zu seiner Zeit allgemein akzeptierten Sachverhalt zum Ausdruck, als er anno 1909 schrieb: »Jeder große Künstler ist ein Held, und jede Biografie eines großen Künstlers wird notwendig zu einer Heldengeschichte.« Die auf den ersten Blick tatsächlich leicht absonderliche Idee, große Künstler seien Helden, geht auf Thomas Carlyle zurück, und der wackere Brite hat vor allem postum dafür viel Spott einstecken müssen. Hundert Jahre später lesen wir etwa bei Heinz Schlaffer, einem Literaturwissenschaftler, den süffisanten Satz: »Die Vorstellung, ein Schriftsteller sei ein Held, entbehrt nicht der Komik.« Das ist völlig zutreffend, aber mitunter eben doch nicht. Außerdem steht bei Meier-Graefe vor dem »Künstler« ein Attribut, nämlich: »groß«.

Existierten jemals Helden unter den Schriftstellern? Nun, Aischylos hat gegen die Perser mitgekämpft, ehe er seine gleichnamige Tragödie schrieb, Cervantes war bei Lepanto gegen die Türken dabei und wurde schwer verwundet,

Ernst Jünger hat in vier Schützengrabenjahren tapfer gekämpft und zahlreiche Verwundungen erlitten. Aber waren sie mutig *als* Schriftsteller? Ernst Jünger schon. Die Veröffentlichung seines Romans »Auf den Marmorklippen« anno 1938, in den Worten Dolf Sternbergers »das kühnste Erzeugnis der Schönen Literatur, das während der Zeit des Dritten Reiches in Deutschland ans Licht getreten ist«, war eine Tat unerhörten Mutes. »Niemand unter den Lesern, die ich kannte, hat daran gezweifelt, daß in den Visionen dieser Erzählung die Erkenntnis unserer eigenen gegenwärtigen Lage ausgesprochen war. In Chiffren war unseren elenden Beherrschern das Urteil gesprochen. Man rieb sich die Augen, es schien fast unglaublich, daß dergleichen möglich war«, notierte Sternberger (übrigens in einem Buch, dessen Titel heute belächelt würde, obwohl oder weil er eine Alternative zum Heldenbegriff anbietet: »Gang zwischen Meistern«). Wenn Jünger nicht ein Reaktionär, Militarist und Nationalist gewesen wäre, sondern Kommunist, Sozialdemokrat, Gewerkschaftler, also irgendwie links, man würde ihm in der Bundesrepublik Denkmäler errichtet haben; so bekam auch er den nachträglichen Mut der Feiglinge zu spüren.

Ossip Mandelstam, der 1938 im Gulag starb, war ebenfalls ein Schriftsteller, und im Gegensatz zur damals in Ost und West wimmelnden literarischen Stalin-Claque schrieb er keine Ode, sondern ein Hassgedicht auf den Diktator. Dafür musste er sterben. Gemeinhin bezeichnet man es als unklug, dass er diese Verse verfasst hat. Ein Held? Wer weiß. Aber darüber nachzudenken, entbehrt durchaus der Komik.

Und wie verhält es sich mit Kleist, dem literarischen antinapoleonischen Ein-Mann-Stoßtrupp? Wie ein Held hat er eine sterbenskranke Freundin in den Tod eskortiert. War er ein Held auch als Autor? Was ist mit Männern wie Nietzsche und Hölderlin, die für ihr Werk ihren Verstand drangaben? Was mit den großen Selbstquälern, die ihren schwachen Körpern das Äußerste abverlangten, wie Schiller, Beethoven, Stevenson? Was mit denen, die vorzeitig und von eigener Hand den Tod suchten, wie van Gogh, Jessenin, Mishima und, warum nicht, David Forster Wallace? Heute versucht man, die Entscheidung zum Suizid mit dem lächerlichen Begriff der Depression zu erklären und zu entwerten. »Genau in dem Augenblick, als sich die Klinge in seinen Bauch bohrte, ging hinter seinen Lidern die leuchtend rote Scheibe der Sonne auf«, endet Mishimas Roman »Unter dem Sturmgott«. Ob sie im Kopfe des Schriftstellers tatsächlich aufging, als er am 25. November 1970 in Tokio als Streiter für die Restauration des Kaiserreichs öffentlich *Seppuku* beging, wissen wir nicht. Aber unschwer erkennen wir in ihm den heroischen Menschen.

Der Gedanke einer gelegentlich vorkommenden Verbindung von Künstler- und Heldentum gewinnt an Plausibilität, wenn man die Heldenfigur gegen die des großen Mannes austauscht. Dessen Definition bestand darin, dass er sein Leben einer Sache beziehungsweise dem Dienst an der Gemeinschaft opfert, und genau dies tut der große Künstler auch. Dass ihm die Gemeinschaft normalerweise ziemlich gleichgültig ist, ändert nichts daran, dass er letztlich für sie arbeitet. Der große Künstler stirbt, berühmt oder verkannt, das Werk aber bleibt und vermittelt idealfalls noch vielen

Generationen seine Schönheit, seine Form, seinen Geist und seinen Trost. Was nur den Zeitgenossen gefällt, ist nicht groß. Für den bedeutenden Künstler selber besteht das »Heldentum« (es ist eines ohne Gegner, insofern gehört es zwischen Anführungsstriche) im Wesentlichen in einer Mischung aus Geduld und Triebverzicht, auch im – mitunter lebenslangen – Aushalten der Einsamkeit und des Misserfolgs.

Burckhardt zufolge besteht das Kriterium der historischen Größe für einen Künstler darin, »daß *dieser* Meister unersetzlich sei, daß die Welt unvollständig wäre, nicht mehr gedacht werden könnte ohne ihn«. Der Gedanke, dass es unersetzliche Künstler geben könnte, ohne welche die Welt eine andere wäre, ist heute kaum mehr denkbar, und zwar keineswegs nur, weil es solche herausragenden Gestalten nicht mehr zu geben scheint oder weil die Künste und Stile an ein vorläufiges Ende gelangt sein mögen, sondern weil den meisten Menschen selbst die Größten der Großen inzwischen unwichtig wenn nicht unbekannt und also absolut entbehrlich sind. Sogar in jenen Kreisen, die sich den Künsten gegenüber eine gewisse Restempfänglichkeit bewahrt haben, sind die Unersetzlichen gemeinhin passé und durch Saison-Autoren und Vernissagenkasper ersetzt worden.

Jedenfall sehen wir auch hier einen abschüssigen Trend, der von Michelangelo, Velázquez, Bach und Richard Wagner zu Beuys, Baselitz, Mark Rothko und Stockhausen geführt hat, die allenfalls noch die Helden ihrer Agenten und Galeristen sind (wobei es sein mag, dass inzwischen eher die Agenten die Helden der Künstler sind). Wenn ein Schwärmer wie Carlyle heute nur noch Spott erntet, zeigt dies unter anderem, dass auch die Künstler klein geworden sind, dass sie Dinge produzieren – geräuschlose Musik oder Fettecken auf Stühlen beispielsweise – die das Gemeinwesen völlig unberührt lassen.

Im Jahr 1956 erschienen beim Berliner Ullstein-Verlag vier schwergewichtige Bände mit dem Titel »Die großen Deutschen«. Das Sammelwerk wolle zeigen, erläuterte der Mitherausgeber Theodor Heuss in seiner Einleitung, was den Herausgebern »in Einzelpersonen groß und stellvertretend für die fruchtbaren Gaben unseres Volkes erscheint«, und so ist denn darin an Herrschern, Dichtern, Musikern, Denkern, Künstlern, Architekten, Entdeckern und Forschern vertreten, was hierzulande Rang und Namen besaß oder noch besitzt. Heuss war sich der »Fragwürdigkeit, die mit dem Titel für ein zarteres Wertgefühl verbunden ist«, bewusst, sowohl was die Größe als auch was das »die« betraf, und er setzte ein negatives Auswahlkriterium voraus, welches hier schon umkreist wurde: »Es gibt große Verbrecher, aber keine verbrecherische Größe.« Allein sein gebildetes und elegantes Vorwort lässt einen gallig an aktuellere Bundespräsidenten und ihre knöchernen Reden denken – ob je wieder jemand das erste Amt dieses Staates ausübt, der oder die einen literarisch anspruchsvollen Stil zu schreiben imstande ist?

Ein fünfter Ergänzungsband folgte ein Jahr darauf, er reichte von Bonifatius und Hildegard von Bingen bis Husserl und Brecht, das heißt, er hatte keineswegs die Aufgabe, so etwas wie eine aktuelle Nachkorrektur zu liefern. Das tat erst ein von Lothar Gall herausgegebener Band namens »Die großen Deutschen unserer Epoche« aus dem Jahr

1995, von dessen diesmal zeittypisch bebildertem Umschlag nicht nur achtenswerte Herren wie Albert Schweitzer und Konrad Adenauer lächelten, sondern auch Heinrich Böll, der, gänzlich talentfrei, aber politisch korrekt, für seinen Gesinnungskitsch den ersten deutschen Nachkriegs-Literaturnobelpreis erringen durfte und an dessen eminenter Größenferne er selber wohl am wenigsten gezweifelt hätte. Drinnen fand sich gehobenes Mittelmaß wie Karl Barth, Gustaf Gründgens oder Thomas Bernhard, womit jene geneigte Ebene zu den Normalgrößen beschritten war, die einen Folgeband überflüssig machte. Gäbe es einen, stünde nicht mehr »Die großen Deutschen« darauf, auch nicht »Die guten Deutschen« – das ließe sich patriotisch missverstehen und müsste dann schon »Die deutschen Guten« heißen –, sondern »Prominente Bundesbürgerinnen und Bundesbürger«; drinnen fänden wir Alice Schwarzer, Anne Will, Angela Merkel, Thomas Gottschalk, Mesut Özil und Joschka Fischer; das Vorwort stammte von Christian Wulff. Und damit hätten wir gleich drei Enden auf einmal erreicht: der historischen Größe, des literarischen Stils und der Buchkultur.

»Wehe! Es kommt die Zeit, wo der Mensch
keinen Stern mehr gebären wird! Wehe!
Es kommt die Zeit des verächtlichsten Menschen,
der sich selber nicht mehr verachten kann.

Seht! Ich zeige euch den letzten Menschen.

›Was ist Liebe? Was ist Schöpfung?
Was ist Sehnsucht? Was ist Stern?‹ – so fragt
der letzte Mensch und blinzelt.

Die Erde ist dann klein geworden, und auf ihr hüpft
der letzte Mensch, der Alles klein macht.
Sein Geschlecht ist unaustilgbar, wie der Erdenfloh;
der letzte Mensch lebt am längsten.

›Wir haben das Glück erfunden‹ – sagen die letzten
Menschen und blinzeln.«

Friedrich Nietzsche: »Also sprach Zarathustra«,
Zarathustras Vorrede

WAS HAT DEN HELDEN
GETÖTET?

DER NIEDERGANG DES HELDEN hat entscheidend zu tun mit
dem Niedergang des Kriegers im speziellen und der Männlichkeit im Allgemeinen sowie der Heraufkunft des politischen Egalitarismus. Die von Nietzsche angekündigten letzten Menschen haben die entstandenen Leerräume wie
Styroporkügelchen gefüllt. Der letzte Mensch ist der direkte
Gegenpol zum tragischen Menschen. Ihn kennzeichnet ne-

ben seinen eminenten Glücksansprüchen vor allem seine Götterferne. Wie alles auf Erden ist seine mentale und auch körperliche Verfasstheit etwas Entstandenes und folglich Vergängliches. Die reale Herrschaft des letzten Menschen war nur möglich durch den Siegeszug der Technik. Nur wo die Wildnis schwindet und Komfortzonen den Planeten immer flächendeckender überziehen, kann ein solcher Typus entstehen und sich zur Majorität entwickeln. Die letzten Menschen befinden sich heute in der westlichen Welt an der Macht, und wie es aussieht, sind die aufstrebenden Nationen Asiens auch enorm daran interessiert, Heimstätten letzter Menschen zu werden.

Vier Fragen stellen die letzten Menschen dem Zarathustra. Sie gelten der Bedeutung von vier eigentlich geläufigen Begriffen: Liebe, Schöpfung, Sehnsucht, Stern. Anscheinend besitzt keines dieser Worte für die Frager noch irgendeinen Sinn. Sie haben sie durch eines ersetzt: *Glück*. Dieses Wort kann Großes meinen, aber das ist selten der Fall (heute würden viele wohl *Spaß* einsetzen). Der heroische Mensch hat für solches Herden- und Wiederkäuerglück immer eine sanfte Verachtung empfunden, aus seiner Warte ist eine um ein solches Ideal organisierte Welt ein Kaninchenstall. Dagegen weiß er mit dem Glück von Liebe, Schöpfung, Sehnsucht und Stern sehr viel anzufangen. Alle vier Begriffe hängen miteinander zusammen; wer nicht besitzt, was sie beschreiben, lebt vielleicht am längsten, aber vollkommen spurenfrei.

Was ist Liebe? Man kann über die Sensitivität Nietzsches nur staunen, der die Epoche der »schwachen Bindungen«, als welche Soziologen die unsere etikettieren, bereits ahnte.

Um es mit einem Satz zu beschreiben: »Ännchen von Tharau« soll heute nicht mehr sein. »Mein Leben schließt sich um deines herum«: Was für eine absurde Idee im munteren Wechsel von aktuellem Partner und »Ex«! »Krankheit, Verfolgung, Betrübnis und Pein/Soll unsrer Liebe Verknotigung sein«? Ach was! »Ich will dir folgen durch Wälder und Meer,/ Eisen und Kerker und feindliches Heer«? Glücklicherweise bestehen ja Herausforderungen für eine Liebe solchen Grades in unserem Weltteil nicht mehr. Gemeinhin tut der Mensch nicht freiwillig Großes, sondern er wird, mit Nietzsches Wort, *hinaufgemartert* zur Größe. Die gewaltigen, verzehrenden Leidenschaften sind in der Epoche bzw. im Epöchlein der abgeklärten Marktteilnehmer unwiderruflich im Schwinden begriffen. Das »Zahnweh im Herzen« (Heinrich Heine) ist allenfalls noch ein Problem von Teenagern und kann mitunter schon durch Pornokonsum behoben werden. Wem nichts fehlt, der lebt im Glück. Wir folgen der aktuellen Geliebten nicht durch Kerker und feindliches Heer, sondern zur Partnerschaftsberatung und müssen allenfalls, so Satan will, gemeinsam eine Chemo durchstehen, allerdings mit Heilungschancen, von denen Ännchen nicht träumen durfte.

»Die klassische Metaphysik zeichnete sich dadurch aus, dass sie – in unseren Augen naiv, aber eindrucksvoll – den Vorrang des Objekts zugesteht und von ihm her begründete, warum es geliebt werden muss. Das ist der radikale Unterschied zwischen der Liebesordnung der Alten und der Liebesordnung der Moderne. In dem Moment, in dem man die Liebe vollständig aus zwischenmenschlichen Beziehungen erklärt, verschwindet ihre Vertikaldimension«, deutet der

Philosoph Peter Sloterdijk die Zeichen der Zeit. Die unbedingte, im Himmel geschlossene, ein Leben umfassende, jedes Opfer rechtfertigende Liebe zwischen zwei Menschen existiert kaum mehr. Dies Fehlen ist der Grund, warum ein Film wie »Titanic« so viele verheulte junge Mädchen in den Kinos zurückließ oder warum eine für den Partner gespendete Niere, sofern ein sogenannter Prominenter Stifter oder Empfänger ist, Schlagzeilen macht. Desgleichen verschwindet die verzehrende, wenngleich vergebliche Liebe, weil Selbstaufgabe den Blick nach oben erfordert; überdies gibt es Tabletten dagegen. Die Spannung zwischen den Geschlechtern schwindet schneller als die Regenwälder, dem Verfall der Männlichkeit entspricht jene der Weiblichkeit (wer's nicht glaubt, rechne durch, für wie viele Frauen er sich auf Leben und Tod duellieren würde, und die Mädels machen schnell die Gegenrechnung). Auch die Gottesliebe ist unserer Welt abhandengekommen, desgleichen die Liebe zum Herren oder zur Herrin, vermutlich weil es weder Götter noch Herren mehr gibt. Kümmerliche Idolatrien sind an ihre Stelle getreten.

Was ist Schöpfung? Der letzte Mensch begreift sich nicht mehr als Geschöpf, mit dem Etwas gemeint sein könnte, sondern als das Zufallsprodukt aus einer glücklichen Konstellation irgendwelcher Gase und Kohlenwasserstoffe. Zu dem ebenso zufällig entstanden Planeten, auf dem er wohnt, hat er ein rein praktisches Verhältnis. Die Natur dient einzig seiner Bedürfnisbefriedigung, sei es materiell oder mental. Die Gottlosigkeit des letzten Menschen hat wenig zu tun mit titanischem Trotz und luziferischem Abfall vom Glauben, viel mehr dagegen mit der Entwicklung der Medizin und speziell der Anästhesie, der unentwegt wachsenden Lebenserwartung, mit Versicherungsschutz, Pille, Airbag, Kundenbindung, Arbeitsrecht sowie der Möglichkeit, während eines Last-Minute-Flugs über den Atlantik eine warme Mahlzeit zu sich zu nehmen. Der letzte Mensch hat sein Dasein mit sozialen und ökologischen Ersatzreligionen und einem Schuss Hypermoral so weit angereichert, dass der spirituelle Nachdurst halbwegs gestillt ist. Das Ringen mit Gott, in selbst auferlegter Fron oder Askese, ist für ihn passé; der moderne Mensch ringt eher mit der Frage, ob er einen Bausparkredit aufnehmen soll. Der Weg in die Wüste oder die Mönchsklause ist von Supermärkten, Bordellen und psychologischen Praxen verstellt.

Was ist Sehnsucht? Was ist Stern? Heroisch ist der Eroberungssinn, im Mikro- wie im Makrokosmos, egal ob er sich auf Berggipfel, Kontinente, das Weltall, die Elementarteilchen oder den Kosmos der künstlerischen Ausdrucksmittel richtet. Eine brennende, unstillbare Sehnsucht beherrschte zu allen Zeiten die Herzen der Horizontdurchbrecher, Leif Eriksson wird sie ebenso gekannt haben wie Kolumbus, Amundsen oder Vasco da Gama, wie der Baumeister der Cheopspyramide, wie Paulus, Galilei oder Beethoven. Für den Sehnsüchtigen brechen schlimme Zeiten an, wenn es keine Kontinente mehr zu erschließen, keine unberührten Gipfel mehr zu besteigen, keine unbekannten Meere mehr zu überfahren, keine neuen Götter mehr hervorzuglauben gibt. *Stern* meint die Sehnsucht nach oben, das heißt, dass der Mensch über sich hinauswill. Früher nannte man das Transzendenz. Im modernen Menschen erlischt die vertikale Sehnsucht. Dem Höchsten dienen wollen wie der Ur-Wanderer Abraham oder im Leben nach dem Höchsten streben, wie es George in seinen Gedichten besingt, sich nicht im Betrieb, im Geschäft, im Konsum, im zynischen Schulterzucken, im »Man« verlieren, ist eine heroische Eigenschaft. Sie wird den gewaltigsten Kollektivierungsprozess der bisherigen Geschichte, dem Soziologen kurioserweise den Namen »Individualisierung« gegeben haben, vermutlich nicht überstehen.

Der letzte Mensch wird Nietzsche zufolge am längsten leben; es wird über ihn nur wenig zu berichten geben. Ein Held ist bekanntlich derjenige, von dem eine besondere Geschichte handelt. Jeder Ausflug in die Gegenwartsliteratur belehrt uns aber über eine Tatsache, die wir ohnedies schon ahnten: Es gibt über niemanden etwas zu erzählen, was es nicht ungefähr auch über uns zu erzählen gäbe. Jeder kommt als literarischer Held infrage, also eben keiner. Zahlreiche mehr oder weniger begabte Autoren sind damit beschäftigt, die öden Schicksale letzter Menschen im Umgang mit anderen letzten Menschen zu schildern. Auf der Suche nach imposanten Persönlichkeiten, zu denen man aufblicken könnte, nach Menschen, die befehlen können oder wenigstens solchen, deren Handlungen nicht komplett vorhersehbar sind, die nicht mit jedem Zoll perfekt in die Statistiken passen, bedarf es der Laterne des Diogenes.

Für viele letzte Menschen ist sogar die Fähigkeit erloschen, in Generationen zu denken. Die Nachwelt existiert für den »Jetztsassen« (Thomas Kapielski) so wenig wie die Vorwelt; Kulturräume empfindet er nicht so trennend wie Zeiten, ihm sind der Südamerikaner oder der Indonesier seiner Gegenwart näher und vertrauter als der deutsche Bürger des 19. Jahrhunderts, vom preußischen Freiwilligen des Jahres 1813 zu schweigen, denn diese Menschen essen dasselbe Fastfood wie er, sie sehen dieselben Filme, hören dieselbe Musik und träumen dieselben Träume. Stehende Gegenwart kennt weder Größe noch Heroismus noch Opferbereitschaft; große Männer und Heroen *wandelten in Spuren* und dachten mindestens ebenso sehr wie an den Beifall ihrer Zeitgenossen an den der Vorfahren und Nachgeborenen. Sie standen *in der Geschichte*. Letzte Menschen betrachten sich nicht als Zwischenglieder einer Kette. Ihnen ist ihr eigenes materielles Wohlsein so wichtig, dass sie Kinder kaum mehr wollen und Alte in staatlich verwaltete Endlager abschieben. Nichts Schlimmeres könnte ihnen widerfahren, als dass sie Entbehrungen leiden und um ihre Existenz kämpfen müssten. Verzichtensollen ist die eigentliche Zumutung, die ein Politiker heute den Wählern unterbreiten könnte; da er mit Sicherheit abgestraft würde, tut er's aber gar nicht erst. Mögen die Enkel der anderen unsere Schuldenberge abtragen.

Die mangelnde Kampfeslust des westlichen Mannes hat ihr Pendant in der Kinderlosigkeit vieler westlicher Frauen. Männlichkeit und Mutterschaft entwerten sich parallel. »Die Frau, die kein Kind gehabt hat, bleibt unvollkommen, unbefriedigt und gilt als komische Figur. Sie befindet sich in einer ähnlichen Lage wie der Mann, der nie in den Krieg gezogen ist: sie hat die größte Erfahrung ihres Geschlechts versäumt«, schrieb der US-amerikanische Essayist Henry Louis Mencken vor 100 Jahren. Kriege führen und Gebären sind ohne Frage, bei aller Gegensätzlichkeit der Ergebnisse, schmerzhafte, oftmals Folgeschäden nach sich ziehende Verrichtungen, denen viele gern aus dem Wege gingen. Ich bin selber in keinem Krieg gewesen, nur bei einer lächerlichen Armee, ich trage auch keinerlei Verlangen danach und spreche also permanent *pro domo*. Aber kein Mensch glaubt, dass der Abenteuerurlaub in Tasmanien, der Besuch einer Gang-Bang-Party, die Friedensdemo vor der amerikanischen Botschaft oder die feministische Selbsterfahrungsgruppe größere Erfahrungen sein könnten.

Die Biologie, nicht die Gesellschaft bürgt noch für die letzten heroischen Affekte; wenn es um die unmittelbare Verteidigung seiner Kinder geht, ist, wie seit Äonen, noch nahezu jeder kurzzeitig heldenfähig. Immer mehr westliche Menschen versuchen freilich, diese Gefahr von vornherein auszuschließen.

Im Grunde war der abendländische Mann also sein eigener Totengräber. Indem er den Planeten mit der Sphäre der Technik überzog, machte er sich selbst allmählich überflüssig. Ohne die Weltherrschaft der Technik, also von Komfort und Konsum (der letztlich immer weiblich oder von Frauen ins Männerhirn induziert ist), hörten wir keinen männerfeindlichen Mucks. Die Technik hat auch den heroischen Krieger getötet. Dessen Weg führt von Nimrod über die Zehnte Legion und die Alte Garde zur Dicken Bertha, zur Atombombe und zur Drohne. Die Kriege sind auf diesem Planeten damit natürlich keineswegs zu Ende, sie werden nur, wie es heißt, immer asymmetrischer. Ursache ist nicht die Technik allein, sondern eine – mit ihr freilich in geheimnisvoller Wechselwirkung stehende – unheroische Mentalität, die sich vor allem in demokratischen Gesellschaften ausbreitet. Der englische Historiker Antony Beevor spricht vom

»schreckliche(n) Paradox, dass die Armeen demokratischer Länder eher als andere dazu neigen, Zivilisten zu töten«. Was er für die Invasion der Normandie 1944 durch die US-Truppen beschreibt, gilt für alle amerikanischen Kriege, sei es gegen Japan, in Korea, Vietnam oder im Irak: »Die Generäle standen unter einem derartigen Druck seitens der Politiker, der Presse und der öffentlichen Meinung, die eigenen Opferzahlen möglichst gering zu halten. Die Folge war, dass sie ihre Kriegsführung stark auf Artillerie und Luftwaffe abstützten. Sie hatte zum Ziel, den Feind flachzubomben, bevor die eigenen Truppen auf das Terrain schritten. Allein in den ersten 24 Stunden des D-Days starben 3000 französische Zivilisten – gleich viele wie US-Soldaten.« Eine Schlacht wie die um Stalingrad, so Beevor, »hätte eine britische oder amerikanische Armee nie überlebt. Im Westen gab es eine Grenze des Leidens. War sie überschritten, kapitulierte man.«

Ich bringe lieber die Kinder des Feindes aus der Luft um, als dass die eigenen Männer sterben: diese Einstellung markiert das Ende des heroischen Krieges und der Ritterlichkeit. »Singe mir, Muse, das Lied vom Bomben werfenden Billy« – das ist ebenso unmöglich wie aus dem »rosselenkenden Hektor« ein Drohnenlenker werden kann (ein Panzerlenker ginge noch). Die asymmetrischen Kriege der Gegenwart produzieren Heroismus nur noch gelegentlich aufseiten der waffentechnisch hoffnungslos unterlegenen Guerilla, wobei man hier unterscheiden muss zwischen tatsächlichen Kämpfern, die sich dem gegnerischen Militär stellen, und Terroristen, die mit ihren Anschlägen wehrlose Zivilisten umbringen.

Auch die Arbeitswelt hat sich durch die Technisierung und Digitalisierung dermaßen verändert, dass reine Männerberufe – also Tätigkeiten, die wegen ihrer körperlichen Anforderungen und ihrer Gefährlichkeit nur von Männern verichtet werden können – immer seltener werden. Man erkennt solche Tätigkeiten daran, dass nie Frauenquoten dafür gefordert werden. Bergleute etwa sind nach wie vor immer Männer, was aller Welt aber nur dann auffällt, wenn sie verschüttet und zufällig einmal gerettet werden wie anno 2010 die 47 Kumpel in Chile. Tendenziell ist aber nicht mit einer Zunahme solcher Berufe zu rechnen, sofern nicht das Weltwirtschaftssystem eines Tages zusammen- und ein neues Mittelalter anbricht; dann müssten die alten Männerdomänen von Neuem besetzt werden, während die Frauen wieder schutzsuchend unter die Fittiche von Männern schlüpfen.

Der im Büro arbeitende Vater ist wiederum kein konkretes Vorbild mehr für den Sohn. Als ein körperloses Wesen produziert er abstrakte Dinge. Was er einst seiner Hände Arbeit nannte, erledigen heute Maschinen und Roboter. Der Aufstieg der Technik korreliert mit dem Niedergang der Hand als Schöpfungsinstrument. Der Hand-Werker, der den Dingen, die er schuf, im Idealfall ein Stück seiner Seele mitgab, teilt längst das Schicksal der Dinosaurier. Die rapide Zunahme von Bürojobs hat dazu geführt, dass immer mehr Frauen arbeiten und immer mehr Männer arbeitslos werden. Im Büro ist der einstige Eroberer der Erde zum Sitzroboter geworden, der einstige Schöpfer der Kultur zur symbiotischen Klette seines Computers, wobei man nicht genau weiß, wer an wem klebt. Die Menschheit »vertauscht die Orte ihrer Arbeit: Bergwerke, Steinbrüche, Wiesen, Äcker, mit fensterlosen Innenräumen«, bilanziert der französische Philosoph Michel Serres, »sie verwandelt ihre muskulösen Körper und ihre schwieligen, von der Kälte klammen Hände in Nervensysteme, die nichts von einem physischen Verhältnis zur Welt da draußen wissen«. Zwar sind vorwiegend Männer die Schöpfer der digitalen Ersatzwelten, doch es ist eine entkörperlichte Männlichkeit, die dort schaltet und waltet. Die genetische Ausstattung des Mannes verträgt sich schlechter mit einem Bürodasein als die der Frau; man muss sich für diese Erkenntnis nicht erst Dietrich von Bern, Balthasar Permoser oder den fliegenden Holländer am Bildschirmarbeitsplatz vorstellen. Wer über alte Friedhöfe geht, wird dort auf den Grabsteinen oft die Berufe der Verstorbenen mit postumen Stolz verzeichnet sehen. Es ist eher unwahrscheinlich, je einen Hedgefonds-Berater, Schadensfallregulierer oder »Callcenteragent« in Stein gemeißelt vorzufinden, weshalb die Herrschaften auch zunehmend auf die Sitte des Grabsteins verzichten. Der Erdenfloh stirbt immer rückstandsloser.

Nachdem der Held im großen Friedensintermezzo der europäischen Nachkriegszeit verzichtbar geworden war, konnte der Zeitgeist ihn zum Täter, zum Verrückten oder Perversen umdeuten. Dafür zuständig waren vor allem Intellektuelle, die Bücher über den sexuell verklemmten faschistischen Typus schrieben, große Männer in ihren Biografien aufs politisch korrekte Normalmaß stutzten und allenthalben die Siegesfeuer des letzten Menschen entzündeten.

Vor allem in den Künsten und auf den Bühnen toben sich die Kleinmacher und Niederreißer aus. Jeder König oder

Herrscher muss als Halbdebiler auftreten, jeder Held zum Antihelden werden, jeder Mann zum Triebmonster, jeder Deutsche zum Nazi. Im sogenannten Regietheater waltet ein egalitäres Geschichts- und Menschenbild, nichts ist groß, nichts ist schön, nichts ist wohlgeraten, auf bedeutende Persönlichkeiten gibt es nur die Kammerdienerperspektive, große Taten entstehen aus Süchten, Verklemmtheiten und Eitelkeiten. Das Ressentiment gegen Meisterwerke und Kanonisches in der Kunst speist sich aus denselben Quellen wie jenes gegen Elite, Heroismus und Vortrefflichkeit in der Geschichte. Hierzulande addiert sich noch der spezifisch vorfahrenwerkszerstörerische Selbsthass der Kriegsverlierer-Nachkommen zu allgemeinem Gekaspere. Im Regietheater hat sich die Geste der antibürgerlichen Revolte erhalten, die diese Gesellschaft seit 1968 prägt, aber mangels eines konkreten Objektes – es wurde ja längst alles abgeräumt – und mangels Bürgern im Publikum ist diese Attitüde noch leerer und hohler geworden, als sie es von Anfang an war. Regietheater ist ungefähr so verwegen wie Nippelpiercing und Arschtatoo. Und natürlich sind deutsche Regisseure feige, indem sie nur Totes angreifen und Sterbendes treten; wirklich Provozierendes, etwa ein Pro-Sarrazin-Stück oder eine Mohammed-Parodie, trauen sie sich nie. Der subventionierte, von den Feuilletons beklatschte »Provokateur« ist ein ebenso stromlinienförmiger Befolger der bundesrepublikanischen Tabus wie der bei niemandem aneckende und gern in alle Talkshows geladene »Querdenker«.

Man könne, schreibt Boris Groys in seinem bereits zitierten Essay »Die Körper von Abu Ghraib«, »die gesamte künstlerische Avantgarde ohne Weiteres als eine ständige

Verunstaltung und Beschmutzung des würdigen Menschenbildes interpretieren«. In der kommerziellen Massenkultur sei der »programmatische, kalkulierte Verlust der menschlichen Würde« längst zum »Hauptverfahren« geworden. Wer würde in Zeiten von »Dschungelcamp«, »Big Brother« und der Nachmittags-Brüllshows, mit denen die Privatsender das daheimsitzende Prekariat unterhalten, widersprechen? »Die Würdelosigkeit des öffentlichen Lebens im Westen ist geschichtlich einmalig – sie zeichnet die westliche Kultur im weltweiten Vergleich als eine exotische aus«, resümiert Groys. Seine Pointe besteht darin, dass die Pyramiden nackter irakischer Gefangener vor zum Teil weiblichen GIs in westlichen Augen wie Zitate aus sogenannt subversiven Filmen der 1960er- und 1970er-Jahre wirken, also wie typische Gegenwartskunst, dass diese Videos »nicht nur zur westlichen Kultur gehören, sondern eigentlich die Wahrheit dieser Kultur offenbaren«, nämlich das entwürdigte Menschenbild, während aus anderer, zum Beispiel muslimischer Perspektive die Beleidigung an Ungeheuerlichkeit nicht zu überbieten ist.

Mag sein, dass die vielgepriesenen »menschenwürdigen Zustände« am besten gelingen, wenn die Menschenwürde gar nicht erst auf die Probe gestellt wird. Jedenfalls sind die Gefilde der würdelos Seligen gemeinhin kein Biotop, in dem – und das ist hier ganz wertfrei gemeint – Helden gedeihen.

»Wie aber wird der Mensch die Abwesenheit
des Krieges kompensieren? Da haben wir die neue
Tragödie: wir haben alles gegen einen zukünftigen
Hitler vorgesehen, aber nichts gegen seine – doch
gewisse – Abwesenheit. Und das ist die Chance
des Teufels für morgen.
Da Hitler geschlagen ist, werden wir vielleicht
keinen Feind mehr haben. Eine Dimension des
Lebens wird uns fehlen. Stellen wir uns die Folgen
dieser planetaren Enttäuschung vor.«
Denis de Rougemont

DIE SPEZIFISCH DEUTSCHE
HELDENPHOBIE

DA DER HEUTIGE TAG bekanntlich ein Resultat des gestrigen
ist, muss sich, wer verstehen will, warum ausgerechnet dieses
Land mittlerweile eine ganz und gar unheroische Mentalität
zur Schau stellen, mit deren Vorgeschichte befassen. Es ist
ja nicht lange her, da galten die Deutschen als ein gefährli-
ches, unheilbar kriegslüsternes Wolfsvolk, und intellektuelle
Zuarbeiter der Nürnberger Anklage, bestellte wie nichtbe-
stellte, konstruierten weit in die Geschichte zurückreichende
Traditionslinien germanogener Gewaltneigung. So entstand
eine ganze Kausalitätsmythologie, welcher zufolge die deutsche Geschichte von alters her – ob nun von Luther, von
Bismarck, von Karl dem Großen oder Preußens Friedrich –
auf Hitler zugelaufen sei. Dazu hat unter anderem Jacob

Taubes das Nötige gesagt (»Wär's in Frankreich passiert, hätt' ich Ihnen das mit Maurras bis Gobineau vorführen können. Es ist überhaupt keine Kunst, Genealogien kosten nichts, nur Bibliothekszeit«), aber so schnell verschwindet ein Unsinn nicht aus der Welt. Es liegt dieser Idee deutscher Devianz ja auch ein rationaler, wenngleich im Nachkriegsdeutschland tabuisierter Kern zugrunde, der nur freigelegt werden muss: das simple Faktum der Geografie, die berüchtigte Mittellage, deren Folgen die Mentalität des Volkes im Zentrum Europas unausweichlich prägen mussten.

Wer weit zurücktritt vom Gemälde der europäischen Geschichte und sich einen Überblick über Jahrhunderte verschafft, wird erkennen, dass es sich bei jener deutschen Aggressivität, von der eben die Rede war, um die wilde und wahnsinnige Überreaktion eines, im Bilde gesprochen, umzingelten und über lange Zeiten von seinen Nachbarn malträtierten Tieres handelte. Das Tier hat schrecklich gewütet und fürchterliche Prügel bezogen, wobei es sich an die Prügel heute so ungern erinnert wie an die alten Gängelungen. Stattdessen gedenkt es in Sündenstolz und negativer Prahlerei zwanghaft nur noch seiner eigenen großen Untaten. Das Angebervokabular des Wilhelminismus – »einzigartig«, »unvergleichlich« – ist heute wieder *en vogue*, freilich in sein Gegenteil verkehrt; nunmehr reklamiert Deutschland damit nicht mehr seinen Platz an der Sonne, sondern im Orkus der Geschichte.

In bundesrepublikanischen Diskursen ist Geopolitik kein Thema. Wer auch nur den Begriff erwähnt, gerät in den Ruch des Revanchismus und aller verwandten Laster, was immer noch eine direkte Folge der Prügel ist. Jürgen Habermas, quasi der Staatsdenker der Bundesrepublik, hat Geopolitik für »Tamtam« erklärt. Das war im Jahr 1987, und dieses Diktum hinderte den Seismografen vom Starnberger See nicht, im Mai 2005 zusammen mit anderen deutschen Spitzenintellektuellen den geopolitischen Alarmisten zu geben und in »Le Monde« vor der Ablehnung des EU-Verfassungsentwurfs durch die Franzosen zu warnen und »katastrophale Konsequenzen« zu beschwören. Für wen? »Für Polen und die anderen neuen Mitglieder der Union, die von Frankreich nicht zwischen dem wiedervereinigten Deutschland und dem russischen Imperium allein gelassen werden dürfen.« Nachdem das Vierte Reich nicht mehr wirklich drohte, gab es immerhin noch die Gefahr der vierten polnischen Teilung, und es stellt sich die Frage, ob ein Denker, der das durchpazifizierte, allenfalls noch halbsouveräne, allmählich vergreisende und verschwindensbereite Deutschland für eine Gefahr hält, nicht selber eine beziehungsweise noch bei Trost ist.

Mittellage bedeutete jahrhundertelang, keinerlei durch Meere geschützte Grenzen, sondern überall potenziell feindliche Nachbarn zu haben, die sich verbünden konnten, wie es exemplarisch in beiden Weltkriegen geschah, aber auch Preußen im Siebenjährigen Krieg widerfuhr, das 1761 vor dem Untergang stand. Deutschlands Urkatastrophe indes war der Dreißigjährige Krieg; ohne ihn ist der Aufstieg des preußischen Militärs zur staatsbeherrschenden Kaste schwerlich verstehbar. Das zerstückelte und von seinen Nachbarn politisch zersplittert gehaltene europäische Zentrum erhielt seine militärischen Lektionen von Ludwig XIV. bis Napoleon, seine Demütigungen empfing es von allen umliegenden Höfen, wo deutsche Partikularherrscher oft wie Knechte behandelt wurden. Die Not der Mittellage ließ sich weder offensiv abschaffen, indem man die Feinde überrannte, noch entwickelte die deutsche Diplomatie außer im Falle Bismarcks jemals die nötige Raffinesse, sie gegeneinander auszuspielen und Gleichgewichte herzustellen, noch konnten deutschen Diplomaten und Militärs je ihre Erdrosselungsangst überwinden, um gelassener mit der geopolitischen Situation umzugehen. So haben sich die Deutschen nach 1945 entschlossen, die Grenzen sukzessive aufzuheben und am besten nur noch Freunde zu kennen.

Damit die neuen Freunde das auch akzeptierten, verzichteten die Geschlagenen dauerhaft auf alles, was eine Macht auszeichnet: große Teile des Staatsgebietes, Souveränität, Atomwaffen, taugliches Militär, Nationalstolz, positive Geschichtsmythen, ihre weltweit angesehene Währung. In summa war dies eine einzige Bitte um Pardon. Das Maastricht-Abkommen ist von einer führenden französischen Zeitung, »Le Figaro«, als »der Versailler Vertrag ohne Krieg« bezeichnet worden; der ungarische Schriftsteller Péter Esterházy erklärte in seiner Dankesrede für den Friedenspreis des Deutschen Buchhandels, es sei eine europäische Angewohnheit, die eigenen Missetaten durch jene der Deutschen zu verdecken, und folgerte: »Der Hass gegen die Deutschen ist Europas Fundament in der Nachkriegszeit«. In Deutschland wäre der »Figaro«-Kommentator als Ewiggestriger mit Steigerungspotenzial bis zum Nazi abgefertigt und aus den diskursiven Selbstverständigungsprozessen selektiert worden, und Esterházys Worte, die hierzulande völlig unter den Tisch fielen, hätten einen deutschen Autoren erledigt. Nachdem es Versailles nicht hat revidieren können, liebt Deutschland Versailles. Inzwischen sieht sich das Land in Europas Mitte nurmehr noch von Staatsmännern mit aufgehaltenen Händen umzingelt, die bei deutscher Zahlungsunwilligkeit gern wieder die hierzulande so wirksame Nazi-Karte spielen. In satyrspielartiger Neuauflage des geostrategischen Eingekreistseins darf sich Deutschland heute immerhin wieder von den gefährlichen Atomkraftwerken der anderen umstellt und bedroht fühlen. Der »lange Weg nach Westen« – die bundesdeutsche Version der Vorsehung – ist zu Ende beschritten: Als politisch selbstständige, »männliche« Macht existiert Deutschland nicht mehr.

Das spezifisch Deutsche an unserem Thema hängt also selbstredend mit den Niederlagen in zwei Weltkriegen zusammen. Da die Deutschen überaus harte Arbeiter und tapfere Kämpfer waren, vollbrachten sie in beiden Kriegen gegen jeweils hoch überlegene Feindkoalitionen enorme Leistungen, wirtschaftlich wie kriegerisch. Freilich geschah dies unter der Führung von Männern, deren geostrategisches Verständnis irgendwo zwischen Romantizismus, Herrenmenschendünkel und Amokläufertum angesiedelt war. Wer bis zuletzt dermaßen heroisch, pflichtbewusst und mörderisch, also auf allerhöchstem Niveau kämpft wie das Deutsche Reich im Zweiten Weltkrieg, dem droht im Gegenzug auch eine Niederlage auf allerhöchstem beziehungsweise allertiefstem Niveau, und tatsächlich hat sich in der neueren Geschichte nichts ereignet, was sich der Höllenfahrt des Dritten Reiches zur Seite stellen ließe.

Das deutsche Karthago hatte, ähnlich wie das historische nach dem Zweiten Punischen Krieg, kein Bedürfnis mehr nach Heldentaten, und es geht ihm bislang recht gut dabei. Anders als der römische konnte der amerikanische Hegemon den ihm zugefallenen Teil des besiegten Gegners als vorgeschobenen Posten an der Peripherie seines Imperiums gut gebrauchen, sodass er ihn nicht nur verschonte, sondern sogar eine Art Freundschaft mit ihm schloss, sofern dergleichen unter Staaten überhaupt möglich ist. Das deutsche Karthago ging nicht nur nicht unter, sondern konnte es sich sogar leisten, unter dem Schutz seines großen Verbündeten ein pazifistisches Land zu werden. Ähnlich erging es den Japanern, noch vor Kurzem eine Kriegergesellschaft par excellence und heute der einzige Staat auf dem Planeten, der qua Verfassung auf Kriegsführung, auch auf defensive, verzichtet: Zwei Atombomben sowie die nahezu komplette Niederbrennung der Hauptstadt können Erstaunliches bewirken.

Vergleichbares hat bei den Deutschen die Einäscherung ihrer Innenstädte bewirkt, der sie ebenso hilflos zuschauen mussten wie der vielleicht noch demütigenderen millionenfachen Vergewaltigung deutscher Frauen durch vor allem die russischen Besatzer. In ihrem zerstörten und amputierten Land sahen sie sich 1945 den Siegern auf Gnade und Verderb ausgeliefert. Millionen Landsleute waren tot, Millionen ohne Obdach, Millionen befanden sich auf der Flucht. Die Verluste betrafen überproportional die Generationen der jungen Männer, die für die physische und intellektuelle Leistungskraft eines Landes auch in Friedenszeiten am unverzichtbarsten sind. Vor Kurzem hatte Deutschland noch von der Weltmacht geträumt und Europa vom Atlantik bis zum Ural beherrscht, nun vegetierten die Besiegten als ein »Rattenvolk« (W. G. Sebald) hungernd und frierend inmitten von

Ruinen. Mit den historischen Innenstädten, Bibliotheken, Kirchen, Museen, Theatern, Opernhäusern, Archiven und Schlössern war auch die kulturelle Substanz des Landes in erheblichem Maße zerstört, und viele Traditionen waren für immer zerschnitten. Schließlich mussten sie auch noch die dauerhafte Teilung ihres verbliebenen Landes akzeptieren, die im Laufe der Zeit speziell von westdeutschen Intellektuellen als Strafe für die NS-Massenmorde interpretiert wurde, wobei es praktischerweise die Ex-Landsleute auf der andern Seite der Mauer waren, die diese Strafe zu verbüßen hatten.

Ein Zusammenbruch solchen Ausmaßes konnte nicht ohne gravierende Folgen im Kollektivbewusstsein bleiben; dergleichen steckt kein Volk so einfach weg. Mit Heldengedenken, Nibelungentreue, Sedantag und Fliegerassen war es vorbei. Künftig wollten die Deutschen nur noch eines: gut leben und das harmloseste Volk der Welt werden.

Erst ganz Europa unterwerfen, dann am liebsten von der politischen Landkarte verschwinden und vor sich selbst geschützt werden wollen: Die Radikalität dieser Umkehr hat das Ausland immer wieder irritiert. Ein Volk, dessen Kanzler einst stolz verkündet hatte: »Wir fürchten Gott und sonst nichts auf der Welt!« und das zwei Menschenalter später den Begriff »German Angst« zum geflügelten Wort machte, blieb unberechenbar.

Das einstige Kriegervolk – tatsächlich haben Frankreich, England und Russland zwischen 1701 und 1933 weit häufiger Kriege geführt als Preußen bzw. Preußen-Deutschland – wird seit einigen Dekaden und mit bemerkenswerter Konstanz von der Furcht vor irgendetwas geplagt und gebeutelt, wobei die Auslöser munter wechseln. Es kann die Gentechnik sein, die Hühnergrippe, das Atom samt seiner fidelen Strahlung, die erste Strophe der Nationalhymne, aber auch die *Überfremdung* – oder die Furcht vor denen, die sich vor Überfremdung fürchten.

Eine Umfrage zu Beginn der 1990er-Jahre ergab allen Ernstes, dass vier von fünf Bundesbürgern »Angst vor den neuen Postleitzahlen« verspürten, man erinnert sich noch gut der gewaltigen Aufgeregtheit wegen des Waldsterbens, der Volkszählung, des elektronisch lesbaren Personalausweises, doch alles übergipfelnd und wenigstens in puncto Hysterie nahezu so etwas wie Transzendenzbereitschaft erkennen lassend, ergriff die deutsche Zivilgesellschaft Anfang 2011 das äußerste Ende jenes Kreuzes, welches die Japaner nach der Tsunamikatastrophe und der Kernschmelze von Fukushima zu schultern hatten, und nahm seine Last symbolisch auf sich. Deutschland fürchtete sich für Japan! Und während die Asiaten tapfer kämpften und stumm duldeten, während sie ihre Tausenden Toten erst aus- und dann begruben, während die Rettungsmannschaften sich von ihren Angehörigen verabschiedeten, bevor sie in das verstrahlte Areal von Fukushima fuhren, um zu retten, was noch zu retten war, diskutierten deutsche Politiker und Öffentlichkeitsarbeiter über die Unsicherheit deutscher Atommeiler, stellten deutsche Medien Mutmaßungen über die Strahlenbelastung in Deutschland und die des demnächst im deutschen Handel erhältlichen Fisches an, überschrieb der »Spiegel« mit der Zeile »Landkarte des Schreckens« eine Woche nach der Katastrophe eine Geschichte über – die deutschen Atomkraftwerke. Das frivole Schauspiel erreichte seinen Höhepunkt mit der Meldung, dass zehntausend Kilometer vom

Unglücksreaktor entfernt die Jodtabletten und die Geiger-
zähler ausverkauft seien. Und kein Tsunami aus wenigstens
Gotteskotze ging hernieder über diese Schamfernen, über
die jodtablettenversorgten Geigerzählerneubesitzer, über
ihre Stimmungskanzlerin, die ein Atomernergie-Morato-
rium verkündete, um bei den Hysterikern demoskopisch
messbar zu punkten, wo sich doch schon sonst nichts messen
ließ, oder über die lächerlichen Umfaller an der FDP-Spitze,
die nach ihren erheblichen Stimmverlusten bei zwei Land-
tagswahlen auf einmal alle Kernkraftwerke abzuschalten
kühn entschlossen sich anheischig machen wollten, sofern
sie jemals wieder wer fragte. Die Kanzlerin hätte ihr Mora-
torium vielleicht mit den Worten begründen sollen: »Wir
fürchten außer Gott so ziemlich alles in der Welt.«

Schon in Hitlers Kriege waren die meisten Deutschen, anders als im August 1914, ohne große Begeisterung gezogen,
1945 schienen sie bereit zu sein, die Waffen für immer nie-
derzulegen. In den Folgejahren entwickelte sich unter ihren
Wortführern ein Drang, das deutsche Kind gleich ganz
mit dem nationalsozialistischen Bade auszuschütten; psy-
chologisch ein verständlicher Vorgang, hinter welchem der
Wunsch stand, sich von den vernichtend geschlagenen und
durch die NS-Verbrechen moralisch kompromittierten Altvordern zu distanzieren und endlich auf die Siegerseite zu
wechseln. Man wartet geradezu auf den Tag, an dem ein
deutscher TV-Historiensprecher sagt: »In der Normandie
trafen unsere Truppen nur auf geringen Widerstand der Nazis.« Auch die sukzessive Übertragung der Schuld von den
tatsächlich Schuldigen aufs Volksganze, die immer stärkere

Verdüsterung des Bildes nahezu aller zwischen 1933 und 1945 gelebt habenden Deutschen, gehorcht diesem Psychomechanismus. Widerstand ist von dort schließlich nicht zu erwarten, und irgendwo muss der von Toleranzvorschriften umstellte bundesrepublikanische Intellektuelle ja seine Aggressionen loswerden. Das Dritte Reich ist sozusagen der *Panic Room* deutscher Debattierer, der letzte sichere Ort, in den sich jeder bei diskursiven Gefahren und unübersichtlichen Problemlagen zurückziehen kann. Unter anderem deshalb enden nahezu alle öffentlichen Auseinandersetzungen hierzulande immer irgendwann bei den Nationalsozialisten; es gibt Scherzbolde, die bei Talkshows die Minuten zählen, bis sich der erste Diskutant im *Panic Room* verschanzt.

Andererseits – die Geschichte steckt voller Ironien – gibt seine vorbildliche Reue dem vergangenheitsaufarbeitenden Bundesbürger nunmehr die Gelegenheit, sich friedliebend aufzuplustern und sich anderen Völkern, zum Beispiel den Israelis, moralisch überlegen zu fühlen. Dabei könnte Deutschland gerade von Israel in Sachen nationaler Selbstbehauptung einiges lernen.

Der Kulturanthropologe Arnold Gehlen prägte nach dem Krieg den Begriff »widerlegte Völker«. Die Deutschen waren 1945 das widerlegte Volk schlechthin. Weil sich solche Völker, so Gehlen, einer übermächtig fremdbestimmten Zukunft gegenübersähen, versuchten sie »in weiten Verkehrs- und Meinungsräumen zu missionieren, um eine Atmosphäre der Schonung zu verbreiten«. Dass die heutigen Deutschen, zumindest ihre Politiker und Leitartikler, die eifrigsten Befürworter der Europäischen Union und erheblich stärker bereit sind, sich von nationalen Ansprüchen zu verabschieden, als sämtliche Nachbarländer, ist eine direkte Folge der totalen Niederlage. Die Verzwergungswünsche der deutschen Politik, die notorische Bereitschaft, die Rechnungen anderer Staaten zu bezahlen, die Willfährigkeit, mit der deutsche Politiker im EU-Rahmen nicht nur die Mark, sondern auch die deutsche Sprache drangaben, immerhin die Mehrheitssprache innerhalb der Gemeinschaft, überdies eine Sprache, in der einige der tiefsten philosophischen Einsichten und die herrlichste Poesie formuliert wurden, sozusagen das Altgriechisch der Neuzeit – auch wenn deutsche Politiker davon gemeinhin keinen Schimmer mehr haben –, korrespondieren mit notorischen Selbstbezichtigungen bezüglich der Nazijahre, deren Intensität eher zu- statt abnimmt. Die Niederlage Hitlerdeutschlands war somit auch eine Niederlage Goethedeutschlands, Nietzschedeutschlands und Kafkadeutschlands. Gerne verweisen die beflissensten der sprachlichen Anpasser auf den ohnehin herrschenden und unumkehrbaren Trend zur Anglophonie, dem sich nur Fortschrittsverweigerer und Provinzler entgegenstellten; eindeutig ein Provinzlerargument. Andere Völker, die Franzosen voran, setzen diesem Trend immerhin den *Willen* zur Selbstbehauptung entgegen. Die Bundesrepublik schließt dagegen peu à peu ihre Goethe-Institute und zieht sich vom Kampfplatz der Idiome zurück, wo der vielleicht folgenreichste Krieg der Gegenwart stattfindet.

Die ehemaligen Kriegshelden dagegen haben sich heute in Täter oder Verbrecher verwandelt. Denjenigen, die in den Endlagern des Soldatentums verscharrt liegen, gebührt nach allgemeiner Auffassung ungefähr zur Hälfte Mitleid, zur anderen Hälfte Geringschätzung. Wie weit entfernt sich die hiesige Intelligenzija vom Verständnis dessen bewegt, was vor 60 Jahren allein kinetisch geschah, demonstrierte zum Beispiel der Film »Stalingrad« von Josef Vilsmeier, in dem eine Armee aus jungen Bundesbürgern in Wehrmachtsuniform auftrat, die nicht einmal bis Smolensk gekommen wäre.

Der deutsche Mann ist in der Galerie welthistorischer Archetypen in drei Abteilungen präsent: als Ingenieur, Denker und Soldat. Erstgenannter mag bis heute überlebt haben, Denker made in Germany wurden aus ihren Spitzenpositionen verdrängt, existieren aber noch – der deutsche Soldat indes ist ein erledigter Fall. Es ist nur typisch, dass die Behauptung, Soldaten seien Mörder, Ende der 1990er-Jahre ausgerechnet in jenem Land dahergetrötet wurde und Gerichte beschäftigte, in dem seinerzeit nun wirklich kein einziger aktiver Soldat herumlief, der jemanden getötet hatte oder Anstalten dazu machte, seine Berufsehre auch einmal handfest zu verteidigen, so wie auch die sogenannte Wehrmachtsausstellung genau zu dem Zeitpunkt loslärmte, als noch der letzte Vertreter dieser Generation das verteidigungsunfähige Greisenalter erreicht hatte. Es war und ist das Land jener Mutigen, die entschiedener Nichtwiderstand zu Höchstleistungen anspornt.

   Der Hass etwa, der dem Schriftsteller Ernst Jünger aus dem grünen bis linksliberalen Milieu entgegenschlug, speiste sich aus dem mehr oder weniger bewussten Ressentiment der im Zivilistentum geborenen Feiglinge gegen den wegen seiner Tapferkeit vielfach ausgezeichneten Weltkriegsteilnehmer, der sich obendrein mit seinem Roman »Auf den

Marmorklippen« bereits gegen Hitler gestellt hatte, als der noch am Leben war – und der, angewidert vom nachträglichen Widerstand gegen den toten Diktator, sogar den impertinenten Stolz besaß, dies später zu bestreiten. Den Zeitgeisthütern ist es jedenfalls gelungen, ihm das Etikett »Wegbereiter« anzukleben und ihn so in die geistige Nähe der Nationalsozialisten zu rücken.

Der Fall Jünger gibt ein Beispiel dafür, wie sehr es hierzulande Mode geworden ist, in puncto Drittes Reich keinerlei Differenzierungen mehr vorzunehmen: Ob Infanterietaktik, Konditorhandwerk oder Philatelie, alles, was unter dem NS-Regime stattfand, diente den Nazis und ihren Verbrechen und ist damit anrüchig bis verurteilenswert. Das Beispiel einer linken Berliner Tageszeitung, die sich darüber beklagte, dass die Bundeswehr für den Häuserkampf immer noch Dienstvorschriften nach dem Vorbild der Wehrmacht verwendet (wo sich doch der Häuserkampf speziell im linksextremen Milieu enorm weiterentwickelt hat), mag die Verrücktheit illustrieren, die inzwischen in diesem Punkte waltet, und zugleich die Frage aufwerfen, warum eine linke und kolossal alternative Tageszeitung trotz all der schrecklichen Erfahrungen immer noch dasselbe Alphabet verwendet wie der »Völkische Beobachter«.

Die Traditionslinien zu der durch die Nazis missbrauchten Sprache, Mathematik und Ingenieurskunst ließen sich nach der Niederlage nicht wirklich kappen. Andere schon. Dass die Bundeswehr aus jener Armee hervorging, die zwar nach dem allgemeinen Expertenurteil eine der besten wenn nicht die beste der Welt war, diese Armee aber zugleich in Schandtaten verstrickt war, die zu den gräulichsten der Geschichte gehören, ist eine von jenen Ambivalenzen, mit denen der auf moralische Eindeutigkeiten geeichte *Homo bundesrepublikanensis* nicht zurande kommt. »Während es in England von Helden wimmelt, weist Deutschland in die entgegengesetzte Richtung. Die großen Gestalten der deutschen Geschichte von den Hohenstaufen zu den Hohenzollern sind in die unterste Schublade weggeschlossen worden«, notiert der englische Historiker Giles MacDonogh. Dies gelte in noch stärkerem Maße für die militärischen Vorbildfiguren des Dritten Reichs. Als Beispiele nennt MacDonogh die einstigen »Fliegerasse«, voran den Jagdflieger Werner Mölders, den er als einen Mann von Tapferkeit und Ritterlichkeit beschreibt und mit dem Markgrafen Rüdiger aus dem Nibelungenlied vergleicht. Der zeitgeisthörig den Namen Mölders anno 2005 von allen Einrichtungen und Waffenträgern der Bundeswehr tilgen ließ, SPD-Verteidigungsminister Peter Struck, geriet zeitlebens nie in den Verdacht, tapfer oder gar ritterlich zu sein, und wer das Nibelungenlied nach einer Vergleichsperson für ihn absuchte, würde allenfalls im Zwergenpersonal fündig.

Bei einem Besuch des Luftwaffenmuseums in Berlin-Gatow kommentierte der Militärhistoriker Martin van Creveld den Duktus der Ausstellung – etwa dass das Wort »Helden« für die deutschen Kampfflieger der beiden Weltkriege dort inzwischen in Anführungsstriche gesetzt ist – mit den Worten, dies sei »der Anfang vom Ende«. In einem Interview erläuterte der Israeli diese Worte später lakonisch: »Ein Land, das diejenigen, die für es kämpften und starben, in einer solchen Art und Weise behandelt, kann nur beten, dass – um Clausewitz zu zitieren – niemand mit einem scharfen Schwert vorbeikommt und ihm den Kopf abschneidet. Denn ganz gewiss wird dann keiner für es kämpfen.«

Die Logik ist verführerisch: Eine Nation von Sitzpinklern wird nie mehr irgendein Nachbarland angreifen. Nur wird sie vielleicht auch ihr eigenes nicht mehr verteidigen.

>Ein Zeitalter, das nicht seinen Helden findet,
ist pathologisch: seine Seele ist unterernährt.«

Egon Friedell

HELDEN-SUBSTITUTE

WIE STATISTIKEN VON GOOGLE ZEIGEN, vollzieht sich ein stetiges Schwinden der Worte »Held« und »Heldentum« in den Druckerzeugnissen unseres Weltteils seit dem letzten großen Krieg. Die Umformung des Begriffes ins Beliebige, Ironische, ja Dadaistische ist damit noch nicht erfasst. »Helden gesucht!« lautet ein aktueller Werbeslogan, und gesucht werden Fahrer für die Münchner U-Bahn; »Helden der Liebe« nennt sich ein Onlineportal zur Therapie von Erektionsstörungen. 1997 erschien bei Reclam Leipzig ein Buch namens »Deutsche Helden!«. Die Leipziger Demonstranten vom Oktober 1989 kamen darin zwar nicht vor, dafür aber Fix und Foxi, Erich von Däniken, Beate Uhse und der Sarotti-Mohr. »Deutschland – ein Land ohne Helden? Dem läßt sich zum Glück ein entschiedenes NEIN entgegenschmettern. Jerry Cotton, Eugen Drewermann, Sepp Herberger, Nick Knatterton, Kardinal Ratzinger, Claudia Schiffer – verstehen sie nicht ausgezeichnet, deutsches Wesen furchtlos zu meistern und: auszuhalten?«, heißt es im Klappentext. »Danke Winnetou. Danke, Haribo. Ein Buch, das Mut macht.« Die Spaßgesellschaft hatte sich des Themas angenommen.

Zugleich tauchen aber in den Medienberichten immer wieder Helden auf, nur sind dies Helden des Alltags. Der Held der Friedfertigen fand anno 2001 sein verbindliches Symbol im New Yorker Feuerwehrmann. Moderne westliche Helden töten nicht, sondern retten Leben, mitunter auch unter Einsatz des eigenen. Sie arbeiten für »Ärzte ohne Grenzen« oder »Amnesty International«. Auch gewaltfreie Widerständler wie Mahatma Gandhi oder Martin Luther King gelten als heldenhafte Menschen. Ein politisch korrekter Held darf nichts auf dem Kerbholz haben und nicht der »falschen« Sache dienen. Die Umbenennung vieler Bundeswehrkasernen und -truppenteile illustriert diesen Paradigmenwechsel. Eines Tages werden junge Rekruten in die *Rita-Süssmuth-Kaserne* einziehen.

Ehre, Würde, Stolz: Diese Begriffe haben im Laufe der Jahrhunderte ihre Bedeutung verändert, allerdings niemals im Kern. Sie haben lediglich an der gesellschaftlichen Wertebörse gegenüber dem Wohlleben den bereits erwähnten Kursverlust erlebt. Das bedeutet keineswegs, dass in der westlichen Welt Stolz und Würde ausgestorben seien. Ein guter Gradmesser für diese Eigenschaften ist die Opferbereitschaft im Kleinen. Es gibt auch Helden *en miniature*, die jeden Tag ohne viel Aufhebens in stiller Würde den Buckel krumm machen, damit es anderen gut oder weniger schlecht geht. Die Lebensleistung eines Popstars ist *nichts*, verglichen mit der einer beliebigen Altenpflegerin in der Pflegestufe III. Vor diesen Sisyphossen des Alltags, die niemals von sich behaupten würden, Helden zu sein, sei in aller Demut der Hut gezogen, jetzt: – – –

Unter all den gemainstreamten Politikdarstellern, Anwälten, Journalisten, Börsianern, Werbern, Fernsehlarven, Trendscouts und Marketingschwätzern, die unsere Gesellschaft in viel zu hohem Maße prägen, ist es freilich schwer, würdevolle Menschen zu entdecken. Und an die Stelle des würdigen Greises ist der jugendliche Gebrechliche getreten.

Zu den Pikanterien unserer Zeit gehört, dass es Schauspielern vorbehalten bleibt, auf der Leinwand jene übergroßen Charaktere zu simulieren, die in der Gesellschaft nicht mehr vorzukommen scheinen – und dass sie dadurch selber zu Idolen werden. Nicht dass die Menschen nicht zwischen James Bond und seinem gerade aktuellen Darsteller unterscheiden könnten, aber eine merkwürdige *unio mystica* existiert zwischen beiden doch. Die Ersetzung des Achilleus durch seinen Darsteller ist ein gutes Gleichnis für den Postheroismus.

Zwar gibt es aus der Perspektive der meisten Zeitgenossen keine echten Helden mehr, aber das Bedürfnis nach Heldenverehrung ist offenbar im Menschen angelegt. Ob nun in der kindischen US-Version mit Super-, Spider- oder Batman, ob mit Leonidas und seinen »300« im gleichnamigen Film, ob mit Oskar Schindler oder Graf Stauffenberg, ob mit den tapferen Mordor-Bekämpfern im »Herr der Ringe« oder mit John Rabe, dem »guten Deutschen von Nanking«: unentwegt sieht sich der Gegenwartsmensch multimedial mit Helden und Heldenmythen konfrontiert. Hießen die Helden der Jugend einst Julius Cäsar, Friedrich der Große oder Erwin Rommel, sind es heute eher Nelson Mandela, der Dalai Lama oder Mutter Theresa – sofern man nicht das Prekariat in die Abstimmung einbezieht. »Superman ist beliebter als Gott oder Jesus«, meldete »Welt online« im Juli 2008. Eine von unsereinem noch als obskur empfundene »Handy-Community« namens »qeep«, aber womöglich eine Art Emnid-Institut der Zukunft, hatte 11 500 Jugendliche im Alter von 15 bis 17 Jahren nach ihren Helden befragt. Die über 3700 teilnehmenden Jugendlichen aus Deutschland wählten Superman als Nummer eins, interessanterweise gefolgt von Gott, dem Schauspieler Brad Pitt, dem Zauberlehrling Harry Potter, der Comicfigur Homer Simpson, dem Bürgerrechtler Martin Luther King und einem Rapper namens Tupac Shakur. (Wer an dieser Stelle überlegt, welche Helden die deutsche Jugend im Dritten Reich genannt hätte, gelangt wohl zu der Feststellung, dass deren heutige Altersgenossen in annähernd demselben Maße klüger und bescheuerter geworden sind.) In den USA wurden Jesus Christus und Gott am häufigsten genannt, dicht gefolgt von wiederum Spiderman, Martin Luther King und dem Schauspieler Jackie Chan, während Südafrikas Jugend Nelson Mandela vor Gott und Jesus Christus stellte, bevor auch dort Super-, Spider- und Batman das Rennen machten. In Indien sind die beliebtesten Helden Bollywood-Darsteller.

Es gibt diverse Umfragen dieser Art, mal sind noch ein paar Fußballer oder Sänger dabei, doch der Trend ist ziemlich klar: Der moderne Held ist tendenziell eine Figur der (im weitesten Sinne) Popkultur, einer, *der es geschafft hat*, sich aber vom Adorierer ansonsten nicht wesentlich unterscheidet. Mitunter ist er auch einer, der Gutes tut. Keinesfalls ist er ein Krieger.

Ob die Erwägung, Gott sei ein Held, sich eher aus religiösen oder ebenfalls aus popkulturellen Motiven speist, kann hier nicht erörtert werden. Die Frage, ob die Kandidaten vorgegeben waren, dürfte insofern egal sein, als die allmähliche Angleichung der Länder und Kulturen so oder so dazu führen wird, dass buchstäblich alle Welt ungefähr dieselben Figuren listet. Interessanter ist schon, dass weibliche Helden selten und wenn überhaupt nur von jungen Frauen genannt wurden (bei den Deutschen Angela Merkel auf Platz fünf und Pippi Langstrumpf auf Platz sieben; in Großbritannien schaffte es ein sogenanntes Boxenluder unter die besten Zehn), während umgekehrt männliche Helden von beiden Geschlechtern akzeptiert werden. Allerdings sind außer Mandela und Luther King keine wirklichen Männer genannt worden. Ob solche Umfrageergebnisse von einer wachsenden Infantilisierung der Gesellschaft zeugen, sei dahingestellt.

Infantil wäre freilich auch, aus Umfragen allzu viel herauslesen zu wollen. Viel reiner verkörpert sich der Zeitgeist in seinen pädagogischen Bemühungen. Bildungsstätten sind die wahren Laboratorien der Zukunft. Hilfreich ist in solchen Fragen immer wieder ein Blick darauf, was der Jugend an Orientierung angeboten wird. Als halbwegs repräsentativ mag hier das »Treff-Schülerwissen«-Buch »Helden. Die Wahrheit über echte Vorbilder und falsche Idole« (Freiburg 2009) gelten. Groß auf dem Titel prangt ein Feuerwehrmann – nein: ein *Fire Fighter* – mit einem geretteten Baby im Arm. Neben ihm: Superman. Drinnen auf der ersten Seite: ein Seenotretter und die britische Forschungsreisende und Nahost-Kennerin Gertrude Bell. Übergroß auf den Inhaltsseiten: eine junge Bergretterin aus dem Schwarzwald.

Die Frauenquote ist ein sicherer Indikator des Zeit-
geistes, die typisch deutsche Fixierung auf die Nazizeit ein
anderer. Das Kapitel »Widerstandskämpfer« listet aus-
nahmslos solche gegen die NS-Diktatur. Als Helden werden
natürlich Rosa Luxemburg und Che Guevara präsentiert,
wenn auch historisch nicht ganz korrekt: die Kommunistin
als »Kämpferin für die Freiheit«, der Guerillero als »Be-
freiungskämpfer«. Den »Helden des Alltags« ist ein Kapitel
gewidmet, genauso lang wie jenes, das die »Klassischen Helden« behandelt. Die kommen indes, weil Krieger, nur als
Sagenfiguren vor (Odysseus, Siegfried) und werden auch
gleich ins Unhistorische abgeschoben. Geschlechterparität
herrscht auch halbwegs in der doch eigentlichen Frauen-
domäne »Denker & Entdecker«. Signifikant ist das Auftauchen eines Helden namens Mohammed, höchstsignifi-
kant die Bemerkung über Karl Martell, er gelte als der
Retter des Abendlandes vor den Moslems, »die damals angeblich Europa erobern wollten«. Das Wörtchen »angeblich« kam 1300 Jahre nicht in diesem Satz vor; erst heute,
wo sie es angeblich wieder versuchen, ist es hineingerutscht.

Problematische Helden gibt es im »Treff Schülerwissen«
nicht, anscheinend mag man den Jugendlichen keine über-
mäßigen Zwiespälte zumuten. Die einzige Ausnahme bildet
Rosa Luxemburg, aber die wird nicht als problematisch dargestellt. Man verstehe mich nicht falsch: Sie ging, wie Karl
Liebknecht auch, für ihre Überzeugung ins Gefängnis, und
sie propagierte den Umsturz, wozu Mut gehörte, und es ist
eher erfreulich, dass wenigstens eine solchermaßen ambi-
valente Figur auftaucht. Natürlich würde sie nicht drin-
stehen, wenn sie keine Frau und keine Linke gewesen wäre.

Vor 70 Jahren hätte in einem Heldenbuch Leo Schlageter gestanden, und in 70 Jahren wird es vermutlich wieder jemand anderes sein.

Da historische Kenntnisse heutzutage ungefähr proportional zur Zunahme historischer Urteile schwinden und viele Leo Schlageter für einen Stubenkameraden von Horst Wessel und Rudolf Hess halten, ein kurzer biografischer Einschub. Schlageter erlebte den gesamten Ersten Weltkrieg an der Westfront, er wurde zweimal verwundet, zum Leutnant befördert und erhielt für seine Tapferkeit das Eiserne Kreuz II. und I. Klasse. Nach dem Krieg kämpfte er als Freikorps-Angehöriger im Baltikum und in Oberschlesien, nahm an der Eroberung Rigas im Mai 1919 und am Sturm auf den von polnischen Freischärlern besetzten Annaberg im Mai 1921 teil, desgleichen 1920 am Kapp-Putsch und an der Niederschlagung des linken Märzaufstandes im Ruhrgebiet. Nach der Ruhrbesetzung im Januar 1923 durch französische Truppen verübte er Sprengstoffanschläge auf Bahnanlagen, um den Abtransport deutscher Kohle nach Frankreich zu behindern. Schlageter wurde am 7. April 1923 verhaftet, am 8. Mai vor ein französisches Militärgericht gestellt, wegen Sabotage zum Tode verurteilt, am 26. Mai hingerichtet. Ein Gnadengesuch hatte er abgelehnt. In einem Brief an einen Kameraden schrieb er: »Ich bin ruhig und gefaßt, wenn es auch schwer fällt, als Verbrecher hingerichtet zu werden, wo man doch nur das Beste gewollt hat. Nun ist das eben Menschenschicksal. Vergesse das Leben und vergebe Anklägern und Richtern. Ich habe beides getan.« Karl Radek, Präsidiumsmitglied der Komintern, nannte Schlageter einen »Wanderer ins Nichts« und hoffte auf »hunderte Schlageters« als Wanderer in eine bessere Zukunft. Ich vermag keinen Unterschied zu erkennen, der es rechtfertigte, dass Liebknecht, Luxemburg und Che Guevara erinnerungswürdige Personen sein sollen und Schlageter nicht. Einschub beendet.

Auch die popkulturellen Helden-Substitute erhalten in dem erwähnten Buch ein eigenes Kapitel, welches anhebt mit der nun wiederum vollkommen unstrittigen Feststellung: »Nie zuvor ist es so einfach gewesen, ein Star zu werden. Die Macht der Medien macht es möglich. Gute Taten, außergewöhnliche und selbstlose Leistungen – all das zählt heute kaum noch. Die Helden von heute sind diejenigen, die beim Millionenpublikum gut ankommen und sich vermarkten lassen.« Womit der blätternde Schüler endlich bei Barack Obama, Stefan Raab, Lukas Podolski und Tokio Hotel angelangt wäre.

Theodor Heuss konstatierte in seiner Einleitung zum bereits erwähnten Sammelwerk »Die großen Deutschen« ein »Bedürfnis der ›Massen‹, Einzelpersönlichkeiten Liebe, Achtung, Verehrung, auch Dank zuweisen zu können«. Eine der wenigen verbliebenen Idealisierungsmöglichkeiten der letzten Menschen besteht darin, öffentliche Figuren zu lieben. Der Starkult als die heutige Idolatrie ist stärker liebesbesetzt, als es der Heldenkult je war, insofern erinnert er vielleicht noch an die Marienverehrung, nur erhofft sich der Gläubige von seinem Idol sowohl spirituell als auch lebenspraktisch nichts. Das Heilige im Star bleibt zwar sichtbar am Wunsch nach »Reliquien«, und sei es bloß ein Autogramm, doch wirkliches Heil kommt von dort nicht mehr. Diese Idolatrie geht von der realistischen Grundfeststellung aus, dass der andere nur aufgrund eines Zufalls – eines punktuellen Talents, einer Äußerlichkeit – im Licht steht, man die Plätze aber eigentlich auch tauschen könnte. Der Fan liebt den Star also unter dem Gesichtspunkt der Ähnlichkeit. Es sind nicht sagenhafte Eigenschaften, die das Idol in eine unerreichbare Ferne rücken, sondern Sperrzäune und Bodyguards. Am populärsten werden in der Jugendszene heute Leute, die haargenau so sind wie diejenigen, die sie angeblich anbeten, den kleinen Zufall abgerechnet – was zeigt, »dass es ein unruhiges Idealisierungspotenzial gibt, das nicht mehr nach oben schauen kann, sondern in den Spiegel sehen möchte« (Peter Sloterdijk). Aus diesem Spiegel schaut dann der Star zurück, und streng genommen ist das auch alles; wenn die Fans den Namen ihrer Idole hören, fällt ihnen im Allgemeinen nur deren Äußeres ein. Es gibt ja selten große Taten zu bewundern. Mir ist auch nicht bekannt, dass irgendein Besitzer eines momentan weltweit sofort jedermann bekannten Namens je eine zündende Idee verkündet oder wenigstens einen bedeutenden Satz gesagt hätte, Mike Tysons unsterbliches »Ich bin Alchemist, ich kann Geld in Scheiße verwandeln« natürlich ausgenommen.

Allem Schmachten nach Idolen wohnt gleichwohl ein zeitlos-konstanter Kern inne: Wie früher möchte man mit dem Vorbild wenigstens in der Phantasie tauschen, seine Rolle selber spielen, seine Eigenschaften übernehmen, am besten sein Freund sein und als solcher teilhaben an allem. Nur heißen die begehrten Attribute nicht mehr Kraft, Nimbus, Größe, Mythentauglichkeit, sondern Aufmerksamkeit, Reichtum, Sexualpartnerschwemme und Partytauglicheit. Das Anbeten selber indes hat an selbstwertstabilisierender

Kraft enorm eingebüßt. Den Grund illustriert hinreichend der alte Satz, wonach es die Not sei, die beten lehre. Die Vorsilbe *an-* hat das Verb *beten* inzwischen komplett überlagert. Diese Helden helfen niemandem mehr, außer vielleicht mal über eine schlechte Laune hinweg, bevor sich, nicht zuletzt ihretwegen, eine neue einstellt.

Der Starkult hat sich als Kehrseite des Egalitarismus etabliert. In einer Welt, in der alle gleich sein sollen, stellen die Charts und die Bundesligatabelle wieder so etwas wie eine Rangordnung her. Zu den bekanntesten Menschen der Welt gehören Popstars und Schauspieler. In welchem Maße sich ihr Renommee einer Leistung verdankt, ist nahezu unwichtig geworden.

Eine gewisse Ausnahme bilden Sportidole. Immerhin tauchen unter Letzteren schon mal ein Schwergewichtsboxer oder ein Tour-de-France-Sieger auf, also Männer, die für ihren Status wenigstens *gelitten* haben und auf dem Weg dorthin Dutzende andere große Dulder überwinden mussten. Eröffnete Homer die abendländische Epik mit Heroen, so begann die abendländische Lyrik mit Preisliedern auf – Sportler. Pindar besingt in seinen Oden etwa den Diagoras von Rhodos und seinen Sieg im Faustkampf oder den Arkesilaos von Kyrene und seinen Sieg im Wagenrennen. Das zeigt eine gewisse Konstanz in der Idolatrie auf diesem Erdteil, die inzwischen den gesamten Globus ergriffen hat. Dass alle Popularität im Unterhaltungsbetrieb fast nur Kommerz und nüchtern kalkulierte Massenmanipulation ist, stört beim Sport am wenigsten, weil hier der Berühmtheit noch eine exakt nachvollziehbare Leistung zugrunde liegt. Diese Leistung ist objektiv messbar. Gewinnen kann nur der Beste.

Sport ist ein Kampf*spiel*, es geht selten um Leben und Tod, und so gut wie nie bleibt einer der Athleten auf der Stätte seiner Niederlage zurück. Insofern agierten die römischen Gladiatoren weiter vom Sport entfernt als die Ritter des Mittelalters auf ihren Turnieren. In der Regel dienten solche Kampfspiele der körperlichen Ertüchtigung von Kriegern. Der spezialisierte Sportler blieb eine hellenische Ausnahme (noch heute sind zum Beispiel zahlreiche deutsche Sportler Angehörige der Bundeswehr, wenngleich diese Angehörigkeit eher eine formelle ist, weil sie ja ausschließlich ihren Sport betreiben). Beide, antike Helden wie antike Athleten, hatten eine Zuschreibung gemeinsam, die wir Heutigen nicht mehr kennen: Sie agierten mit göttlicher Unterstützung wenn nicht gar göttlicher Fernsteuerung. Sowohl Homer wie auch Pindar besangen göttliches Walten. Wer dies tut, hat den Tod mit auf der Rechnung. Der Gegenwartsmensch des Westen kann es nicht mehr, deshalb fahren die Radprofis heute alle mit Helm, deswegen sind die Boliden der Formel 1 inzwischen unkaputtbar, deswegen tragen Boxer gepolsterte Handschuhe und brechen Ringrichter Kämpfe oft auch dann schon ab, wenn der Unterlegene noch nicht am Boden liegt, deswegen sollen Stierkämpfe verboten werden und so weiter.

Dennoch bleibt der Sport in der postheroischen Gesellschaft das letzte Männlichkeitsrefugium, aus welchem die Idole derer stammen, die sich körperlich nicht feminisieren lassen wollen – das gilt übrigens auch für die Frauen, die bei olympischen Spielen oder Weltmeisterschaften ihre erfolgreiche leibliche Vermännlichung präsentieren. Der Bergsteiger, der Kampfsportler, der Abfahrtsläufer, der Extremkletterer, sie spielen zumindest mit dem Tod, sie riskieren die körperliche Vernichtung, auch langfristig durch extreme Überbeanspruchung, sie opfern ihren Leib auf Raten, sie leiden jahrelang für den einen Triumph, was in einem gewissen Maße begründet, warum sie in gottfernen Zeiten Helden geblieben sind.

Welchen Weg auch immer die Idolatrie nimmt, sie zeigt, dass sich das Bedürfnis nach Heldenverehrung anscheinend nicht wegtherapieren oder zur Gänze in politisch korrekte Bahnen lenken lässt. In gewissem Sinne könnte man von einer Wiederkehr des Verdrängten sprechen. Wo es keine Helden gibt, gibt es keine Vorbilder, wo es keine Vorbilder gibt, gibt es keinen Ehrgeiz. Egal, auf welche idiotischen Ziele der sich richten mag, er verschließt sich dem antiheroischen Affekt der Egalitaristen und hält den Willen zur Ungleichheit in der Welt.

>»Ich liebe den Gedanken, daß der ganz alte Gott
den alten Menschen, den letzten, mit dem er sich
unterhalten konnte, mit seinen alten Händen
wegnahm und ihn begrub, wo keiner ihn findet.«

General Hans von Seeckt

SCHLUSS

DER HEROISCHE MENSCH, das war der tragische Mensch.
Unserer binären Moral ist das Tragische nicht mehr zu-
gänglich, weshalb wir uns auch angewöhnt haben, nicht nur
jeden Unfall, sondern jedes Malheur bis zum verschossenen
Elfmeter in der Nachspielzeit bedenkenlos als »Tragödie«
zu bezeichnen.

Gleichzeitig beurteilt der moderne Mensch, wie wir gesehen haben, jede tragisch-heroische Größe der Vergangenheit gern nach seinen Gut-Böse-Kriterien – mit dem Ergebnis, dass weder von der Tragik noch vom Heroismus noch
von der Größe viel übrig bleibt. Doch auch wenn er recht
haben sollte, wird doch die Spitze des *Kleiner-als*-Zeichens
immer auf ihn selbst weisen. Wir sind klein geworden, lach-
haft und rührend in unserer steten Suche nach dem kleinen
Glück und in der Angst vor dem großen, und wir werden alle
dahingehen, namenlos, und nicht einmal mehr in Gräbern
liegen, über welchen eine Engelsskulptur verwittert, sondern, aus Platzgründen, auf Onlinefriedhöfen, wo eine imi-
tierte Kerze blinkt.

Als ein politisch und kulturell unwichtiger, wenngleich touristisch und, so Allah will, gastronomisch interessanter Staatenverbund am Westrand Asiens zu existieren, scheint ohnehin die Zukunft Europas und seiner rudimentär deutschsprachigen Mitte zu sein. Jedem Volk sei seine Frist gesetzt, spricht der Prophet; warum sollte es sich bei Kulturräumen anders verhalten? Es sei hier übrigens unbestritten, dass es sich in einer solchen Konstellation eventuell ganz angenehm leben lässt, sofern der jeweilige Hegemon sanft bleibt und die Ressourcen nicht mit Gewalt erkämpft werden müssen. Schließlich waren die Europäer lange genug als welthistorische Hauptakteure tätig, und ihr Wunsch, sich kollektiv aufs Altenteil zurückzuziehen und endlich die anderen das Steuer übernehmen zu lassen, hat etwas durchaus Nachvollziehbares.

Ansonsten gilt, was immer gilt: Eine Gesellschaft, die keine Feinde hat, kann ohne Helden auskommen. Drohen dagegen Feinde, gibt es zwei Möglichkeiten: Entweder sie erzeugt wieder Helden, oder sie geht unter. Die herrschende Aversion gegen den Feindbegriff weist darauf hin, dass es dieser Gesellschaft zumindest halbwegs bewusst ist.

Die Betrachtung, was der Held gewesen ist, begann mit einer Anekdote, und dieses Buch soll mit einer schließen (dass es wieder um Franzosen geht, ist eher Zufall als Mangel an Chauvinismus). Louis Rossel war der einzige französische Berufsoffizier, der zur Pariser Kommune überlief, und zwar nicht, weil er Kommunist, sondern weil er Patriot war. 1870 im Winterkrieg wegen seiner hervorragenden Leistungen zum Oberst befördert, hatte er sich nach der Kapitulation von Metz der deutschen Gefangenschaft durch eine abenteuerliche Flucht entzogen. Am 19. März 1871 schrieb er aus Paris einen kurzen Brief an den Kriegsminister der Regierung Thiers (und dieser Brief verdiente es, in Stein gemeißelt zu werden): »Mon Général, da ich aus einer heute in Versailles veröffentlichten Depesche entnehme, dass zwei Parteien um die Herrschaft in diesem Lande kämpfen, zögere ich nicht, mich der Seite anzuschließen, in deren Reihen es keine kapitulierenden Generäle gibt.«

Der Mann, der dies schreibt, weiß genau, dass ein paar Tausend schlecht bewaffnete Pariser Arbeiter nicht die geringste Chance haben werden gegen die Regierungstruppen, die nach der schmählichen Niederlage gegen die Deutschen eine Chance sehen, ihren Ruf wiederherzustellen. Und doch ist da dieser unbändige Stolz, der ihn zu Tat und Tod drängt. »Die siegreiche Sache gefiel den Göttern, aber die unterlegene gefiel dem Cato«: so lautet der Wahlspruch all derer, die zu stolz sind, sich den Machtverhältnissen anzupassen, und lieber zugrunde gehen. Die erfolgreiche Verteidigung von Paris in den ersten Wochen der Kommune war vor allem Rossels Werk. Hat er je geglaubt, das Jahr zu überleben? Rossel wurde, 25-jährig, am 28. November 1871 hingerichtet. Wäre er kein Held gewesen, hätte er noch viele Jahre leben können.

Was soll dem Leser diese finale Geschichte sagen? Vielleicht, dass er mit dem Gedanken im Hinterkopf, welch hohen Einsatz andere gewagt haben, wenigstens beschließt, sich nie mehr von irgendwem in irgendein Bockshorn jagen zu lassen. Es gibt, wie der Aphoristiker Nicolás Gómez Dávila festhielt, »immer Thermopylen, bei denen man sterben kann«.

ZITAT- UND QUELLEN-
NACHWEISE

S. 6 Motto: Francois de La Rouchefaucauld, *Spiegel des Herzens. Seine sämtlichen Maximen*, Zürich 1988, S. 45
S. 11 Motto: Johannes Gross, *Tacheles gesprochen. Das neue Notizbuch*, Stuttgart 1996, S. 151
S. 12 »Die Garde stirbt«: Was Cambronne oder ein anderer bei Waterloo gerufen oder nicht gerufen hat vgl. etwa: August Fournier, *Napoleon I.*, Wien 1922, Bd. 3, S. 350
S. 12 »Und ob die sich ergibt«: *Asterix bei den Belgiern*, S. 45
S. 13 »Woran soll man denn hängen«: Marcel Proust, *Unterwegs zu Swann*, Frankfurt/M. 1994, S. 131
S 15 »eine Sonderausgabe der Beherztheit«: Peter Sloterdijk, *Zorn und Zeit*, Frankfurt/M. 2008, S. 26
S. 19 Motto: Gottfried Benn: *Mann* –, in: Gesammelte Werke in vier Bänden, Bd. 3, Stuttgart 1993, S. 180
S. 23 »Nach der Entnazifizierung kommt jetzt«: Norbert Bolz versichert mir, diese Worte geschrieben zu haben, auch wenn er sich, wie ich, nicht mehr genau daran erinnert, wo sie stehen.
S. 24 »Was bleibt von einem NPD-Mann«: Junge Freiheit vom 18. März 2011
S. 24 »Auch einstmals positive Qualitäten«: Walter Hollstein, *Was vom Manne übrigblieb*, Berlin 2008, S. 13
S. 26 »auf seiner Entwicklungsstufe«: Cornelia Pieper, *So geht's nicht weiter mit den Männern!*, u.a. auf: http://www.cornelia-pieper.de/blog/archives/44-So-gehts-nicht-weiter-mit-den-Maennern!.html
S. 26 »Wer die menschliche Gesellschaft will«: *Grundsatzprogramm der Sozialdemokratischen Partei Deutschlands*. Beschlossen auf dem Hamburger Bundesparteitag am 28. Oktober 2007, S. 41
S. 26 »Warum Männer früher sterben sollten«: Spiegel online, 1. August 2007. http://www.spiegel.de/wissenschaft/mensch/0,1518,497320,00.html
S. 26 »Eine Krankheit namens Mann«: Der Spiegel vom 15. 9. 2003, Überschrift der Titelgeschichte
S. 26 »Er schläft, schnarcht und sabbert«: »*Ein Käfig für drei Narren*«, FAZ vom 30. März 2011
S. 27 »Durch seine Unfähigkeit«: zit. nach: http://www.auxiliaris.org/mannerhassbuch/4-mannerhassbuch-journalismus-2/
S. 27 »Männer sind Nazis«: zit nach: *arnehoffmann.blogspot.com*
S. 27 »Terror strahlt aus vom Mann«: Andrea Dworkin, *Pornographie. Männer beherrschen Frauen*, Köln 1988, S. 24
S. 27 Zur Gehaltsdifferenz: In einem »Positionspapier zur Entgeltgleichheit von Frauen und Männern« des Bundes der Arbeitgeber (BDA) aus dem Jahr 2008 heißt es: »Die Lohndifferenz ist – anders als teilweise in der Öffentlichkeit behauptet – kein Beleg für eine Diskriminierung. Sie beruht vielmehr auf vielfältigen, objektiv erklärbaren Sachverhalten, die Einfluss auf die Lohnhöhe haben.« Von den 23 Prozent Unterschied, konzediert die Arbeitgeberstudie, bleibe »lediglich ein ›unerklärter Rest‹ von 2-3%-Punkten bestehen«. Die Arbeitgeber müssen es schließlich am besten wissen – sie wären ja dumm, Männer zu beschäftigen, wenn sie für ein Viertel weniger gleich befähigte und belastbare weibliche Arbeitskräfte bekommen könnten.
S. 28 Zur Gleichverteilung der häusliche Gewalt siehe etwa: *Männer – die ewigen Gewalttäter?* Sonderauswertung der Daten der Männerstudie 2009, www.maenner-online.de/Dekade_2010_Sonderauswertung_3_Broschure.pdf

S. 35 »Nichts kann und darf«: z.B. auf
http://www.stern.de/politik/deutschland/
managerschelte-wulff-bedauert-pogrom-
vergleich-644874.html
S. 37 »Wie erschrak die Gouvernante«:
steht in Wilhelm Busch, *Die Knopp-Trilogie*,
Teil 1 *Abenteuer eines Junggesellen*, Abschnitt
Die stille Wiese, in welcher Ausgabe auch
immer
S. 40 »Re-education, Teil 2«: Norbert Bolz,
Diskurs über die Ungleichheit, München
2009, S. 57
S. 43 »Die Zahl asexueller Männer steigt«:
Hollstein, a.a.O., S. 43
S. 43 »Das schlappe Geschlecht« plus Um-
frage: http://www.cosmopolitan.de/liebe-
sex/maenner/a-21226/das-schlappe-ge-
schlecht.html
S. 44 »Niedergang der Männer«: Henryk
M. Broder, *Endstation Apartheid*, Der Spie-
gel vom 23. 2. 1998
S. 45 »Jeder zweite weibliche Perfomance-
student«: Thomas Kapielski, *Mischwald*,
Frankfurt/M 2009, S. 268. »besoffener
Künstler« und »Nicht die Vagina«: eben-
dort, S. 269
S. 46 »Die Feministen sind lächerlich«:
Nicolás Gómez Dávila, *Aufzeichnungen des
Besiegten*, Wien 1992, S. 57
S. 46 »Gleichstellungsdurchsetzungsge-
setz« kann jeder selber googeln.
S. 47 »keine Tatsache«: Judith Butler, *Die
Macht der Geschlechternormen*, Frankfurt/M.
2009, S. 285. »Ich werde nicht einmal die
Gründe«: ebenda, S. 284; »Zwangshetero-
sexualität«: mehrfach ebendort, z.B. S. 320.
S. 48 »biologisch enge Vorstellung«:
Butler, a.a.O., S. 299 ;«heterosexuelle
Melancholie«: ebenda, S. 318
S. 48 »Das flexible Geschlecht«: http://
genderkongress.blogspot.com/2010/10/
eroffnungsrede-von-thomas-kruger-zum.
html
S. 49 »als passive und minderwertige We-
sen«: http://www.freiewelt.net/blog-1952/
die-schweiz-als-avantgarde-eines-sterilen-
feminismus.html
S. 50 Schopenhauers Spott ist nachzulesen

in: Arthur Schopenhauer, *Über die Weiber*,
in: Sämtliche Werke Bd. V., Stuttgart/
Frankfurt/M. 1987, S. 725 f. und 728 ff.
S. 54 »Serien- oder Sexualmorde«: Camille
Paglia, *Sexual Personae: Art and Decadence
from Nefertiti to Emily Dickinson*, London &
New Haven 1990, S. 247
S. 55 Die beiden erwähnten EU-Studien
sind die Nämlichen: European Foundation
for the Improvement of Living and Wor-
king Conditions, *Woman and violance at
work*, Dublin 2007; *Women managers and
hierarchical structures in working life*, Dublin
2009; www.eurofound.europa.eu
S. 59 Die ungekürzte Träumerei von Alice
Schwarzer stand unter dem Titel *Ich habe
einen Traum* in der Neuen Zürcher Zeitung
vom 31. 12. 2010
S. 60 »Vielleicht sollten die Frauen«: Waris
Dirie, *Wüstenblume*, München 2007, S. 346
S. 61 »Man stelle sich eine Welt vor«:
»Nur die Toten erleben das Ende des Krieges«,
Interview mit Martin van Creveld, Junge
Freiheit vom 15. 8. 2009
S. 63 Motto: Homer, *Ilias*, XVIII. Gesang,
Vers 203-206 und 223-227, weitgehend der
Übersetzung folgend von Hans Rupé,
München und Zürich 1989, S. 633 und 635
S. 63 »Die Alte Garde«: zit. nach: Eugen
Tarlé, *Napoleon*, Berlin 1969, S. 395
S. 67 »Was unsterblich«: Friedrich Schil-
ler: *Die Götter Griechenlandes*, in: Sämtliche
Werke in fünf Bänden, München 2004,
Bd. 1, S. 173
S. 70 »Besitz stirbt«: *Die Edda. Götterdich-
tung, Spruchweisheit und Heldengesänge der
Germanen*, übertragen von Felix Genzmer,
Kreuzlingen/München 2006, S. 163
S. 73 Die Kritiker sagen«: zit. nach: Egon
Friedell, *Kulturgeschichte Griechenlands*,
München 1994, S. 192
S. 73 »Wanderer, kommst du nach Sparta«:
Friedrich Schiller, *Der Spaziergang*, a.a.O.,
S. 231
S. 75 »Riesenhafte Tapferkeit«: Thomas
Mann, *Betrachtungen eines Unpolitischen*, in:
Aufsätze, Reden, Essays, Bd. 2, Berlin und
Weimar 1983, S. 205

S. 76 Die van Creveld-Studie über die Wehrmacht ist erschienen unter dem Titel *Kampfkraft: Militärische Organisation und militärische Leistung der deutschen und amerikanischen Armee 1939-45*, Graz 2003

S. 76 »Nur selten«: John A. Armstrong (Hrsg.), *Soviet Partisans in World War II.*, Madison 1964, S. 138

S. 77 »Der Truppe den Rücken«: Jörg Friedrich, *Das Gesetz des Krieges*, München 1995, S. 646 u. 647

S. 79 Alle Zitate von Frau Koehn in: *»Die heutige Schreibtischmoral ist geradezu peinlich«*, Interview mit Barbara Koehn, Junge Freiheit vom 16. Juli 2010

S. 79 »Das Attentat muss erfolgen«: zit. nach: Joachim Fest: *Staatsstreich*, Berlin 1994, S. 240; »Niemand von uns«: ebenda, S. 291

S. 80 »aufzuleiden«: Joseph Ratzinger Benedikt XVI., *Jesus von Nazareth*, Erster Teil, Freiburg 2007, S. 195

S. 80 Die Schilderung des Lichtenberg-Martyriums folgt der Darstellung in: Nicholson Baker, *Menschenrauch*, Reinbek bei Hamburg 2009, S. 463/64

S. 81 »Ein härteres und zugleich unwirksameres Selbstmordverfahren«: Maurice Pinguet, *Der Freitod in Japan*, Frankfurt/M 1996, S. 106

S. 82 »Die Militärs Großjapans«: Pinguet, a.a.O., S. 279. Anamis Tod wird dort auf S. 279/ 280 geschildert. »Von seinen Göttern geschützt«: ebenda, S. 280

S. 83 »Nur Mut« und »Du wirst meinen Kopf«: zit. nach: Friedrich Sieburg, *Robespierre. Napoleon. Chateaubriand*, Stuttgart o.J., S. 125

S. 84 »mit einer Kaltblütigkeit«: zit. nach: Claus Süßenberger, *Die Klaviere des Henkers. Lebenswege zwischen Bastille und Guillotine*, Frankfurt/M. 1997, S. 403

S. 84 »Die Unerschrockenheit«: zit. nach Sieburg, a.a.O., S. 125

S. 85 »jederzeit und unter allen Umständen«: Boris Groys, *Die Körper von Abu Ghraib*, in: Die Kunst des Denkens, Hamburg 2008, S. 74

S. 87 »der Fraglichkeit des Begriffes Größe«: Jacob Burckhardt, *Weltgeschichtliche Betrachtungen*, Stuttgart 1978, S. 209

S. 87 »Sprichwörtlich heißt es«: Burckhardt, a.a.O., S. 211

S. 87 »verführt die demokratische Gesinnung«: Norbert Bolz, a.a.O., S. 128

S. 88 »Wir glauben heute«: Sebastian Haffner: *Im Schatten der Geschichte, Historisch-politische Variationen*, Stuttgart 1985, S. 238

S 90 »Propheten, Philosophen«: Nicolás Gómez Dávila, *Scholien zu einem inbegriffenen Text*, Wien 2006, S. 161

S. 92 »Jeder große Künstler«: Julius Meier-Grafe, *Hans von Marees*, Frankfurt/M. 1987, S. 20

S. 92 »Die Vorstellung, ein Schriftsteller«: zit. nach: Siegfried Kohlhammer, *Der Hammer redet*, in: Merkur, Sonderheft Heldengedenken, Sept./Okt. 2009, S. 897

S. 93 »das kühnste Erzeugnis«: Dolf Sternberger, *Eine Muse konnte nicht schweigen*, in: *Gang zwischen Meistern*, Frankfurt/M. 1987, S. 306

S. 94 »Genau in dem Augenblick«: Yukio Mishima, *Unter dem Sturmgott*, München 1994, S. 439

S. 95 »daß *dieser* Meister«: Burckhardt, a.a.O, S. 219

S. 96 »in Einzelpersonen groß«: Theodor Heuss, *Über Maßstäbe geschichtlicher Würdigung*, in: Hermann Himpel, Theodor Heuss, Benno Reifenberg, *Die großen -Deutschen*, Berlin 1956, S. 16

S. 96 »Fragwürdigkeit« und »Es gibt große Verbrecher«: Heuss, a.a.O., S. 15

S. 98 Motto: Friedrich Nietzsche, *Also sprach Zarathustra*, in: Kritische Studienausgabe, Bd. 4, München 1988, S. 19

S. 100 Die Passagen aus »Ännchen von Tharau« wurden mangels rasch greifbarer gedruckter Vorlage zitiert nach: Fritz Wunderlich, *Du bist die Welt für mich*, Polydor 2006

S. 100 »Zahnweh«: Heinrich Heine, *Ideen. Das Buch Le Grand*, in: Sämtliche Werke, Neue Ausgabe in vier Bänden, Augsburg 1998, Bd. 2, S. 336

S. 100 »Die klassische Metaphysik«:
»*Entgöttlichte Passion*«, Interview mit Peter
Sloterdijk, Focus vom 22.12.2000

S. 104 »Die Frau, die kein Kind«: H. L.
Mencken, *Zur Verteidigung der Frau*, in:
Ausgewählte Werke Bd. 1, S. 63

S 106 »schreckliche(n) Paradox« und »Die
Generäle standen«: »*Hitler wäre explodiert*«,
Interview mit Antony Beevor, Weltwoche
Nr. 37/2010

S. 107 »vertauscht die Orte«: Michel
Serres, *Die fünf Sinne*, Frankfurt/M. 1994,
S. 345

S. 109 »die gesamte künstlerische Avantgarde«: Groys, a.a.O., S. 74

S. 110 »«programmatische, kalkulierte
Verlust«: Groys, a.a.O., S. 75

S. 110 »Die Würdelosigkeit des öffentlichen Lebens«, a.a.O., S. 76

S. 111 Motto: Denis de Rougemont, *Der
Anteil des Teufels*, München 1999, S. 63

S. 112 »Wär's in Frankreich passiert«:
Jacob Taubes, *Die politische Theologie des
Paulus*, München 1993, S. 138

S. 113 »Tamtam«: Jürgen Habemas, *Eine
Art Schadensabwicklung*, in: Historikerstreit.
Die Dokumentation der Kontroverse um
die Einzigartigkeit der nationalsozialisti-
schen Judenvernichtung, München 1987,
S. 75

S. 113 »katastrophale Konsequenzen«:
Jürgen Habermas et al., *A nos amis francais*,
Le Monde vom 3. Mai 2005

S. 114 »Versailler Vertrag ohne Krieg«:
Le Figaro, 18. 9. 1992

S. 114 »Der Hass gegen die Deutschen«:
Die eigenen Leiden nicht beim Namen genannt,
Friedenspreis für Péter Esterházy, Frankfurter
Allgemeine Zeitung, 11.10.2004

S. 116 »Rattenvolk«: W.G. Seebald, *Luft-
krieg und Literatur*, Frankfurt/M. 2002,
S. 41

S. 118 »Landkarte des Schreckens«: Der
Spiegel vom 21. 3. 2011

S. 120 »widerlegte Völker«: Arnold Gehlen, *Moral und Hypermoral*, Wiesbaden
1981, S. 112

S. 123 Dienstvorschriften nach dem Vorbild der Wehrmacht: taz vom 8. 12. 2009

S. 123 http://www.taz.de/1/politik/deutsch-
land/artikel/1/von-stalingrad-nach-afgha-
nistan/

S. 124 »Während es in England von Helden wimmelt«: Giles MacDonogh, *Helden
und Patrioten*, in: Merkur, Sonderheft Heldengedenken, Sept./Okt. 2009, S. 783

S 124 »Ein Land, das diejenigen«: Martin
van Creveld, *Nur die Toten erleben das Ende
des Krieges*, a.a.O.

S. 126 Motto: Egon Friedell, *Kulturgeschichte der Neuzeit*, München 2003, S. 29

S. 128 »Superman ist beliebter als Gott
oder Jesus«: http://www.welt.de/vermisch-
tes/article2198489/Superman_ist_belieb-
ter_als_Gott_oder_Jesus.html

S. 131 »Kämpfer für die Freiheit«: *Treff
Schülerwissen*, Freiburg 2009, S. 39

S. 131 »die damals angeblich«: ebenda S. 19

S. 132 »Ich bin ruhig und gefaßt«: zit. nach
http://de.wikipedia.org/wiki/Albert_Leo_
Schlageter

S. 133 »Nie zuvor ist es so einfach«: *Treff
Schülerwissen*, S. 101

S, 133 »Bedürfnis der ›Massen‹«: Theodor
Heuss, a.a.O., S. 12

S. 134 »dass es ein unruhiges Idealisie-
rungspotential«: »*Entgöttlichte Passion*«,
a.a.O.

S. 138 Motto: zit. nach: Arnold Gehlen,
a.a.O., S. 134

S. 140 »Mon Général«: zit. nach: Sebastian
Haffner, a.a.O., S. 105

S. 140 »immer Thermopylen«: Nicolás
Gómez Dávila, *Auf verlorenem Posten*, Wien
1992, S. 36